RAYMOND KOJITSKY

PIVER

Histoire d'un résistant ordinaire

Écrit par
DANIEL GOLDENBERG

CALMANN-LÉVY

ISBN 2-7021-1888-7

Imprimé en France

Prologue

RAYMOND KOJITSKY vit à Ménilmontant. Il a soixante-trois ans. C'est un homme calme qui fume des ninas et va chercher ses petites-filles à l'école. Il parle très peu et quand il parle, il ne fait pas de phrases. Il me rappelle Raymond Bussière, même gapette, même accent de Paris et même tendresse bourrue.

J'ai vu pour la première fois Raymond Kojitsky dans le film-document de Mosco, Des terroristes à la retraite, *d'où l'idée d'écrire ce livre-document et de le lui consacrer. Il est comme le prolongement de l'œuvre audiovisuelle et en même temps son contraire parce que les mots écrits ont le pouvoir de planter tous les décors, de faire parler les morts, de ressusciter les événements et de faire resurgir le passé.*

J'ai écouté pendant de longues heures Raymond Kojitsky. Et entre nous, il y avait une part égale de silences et de mots. J'ai essayé de traduire aussi les silences.

La vie de Raymond Kojitsky se divise en trois parties : avant la guerre, pendant et après. Le récit qu'on va lire est en majorité la narration des actions effectuées par Raymond Kojitsky pendant la guerre à Paris dans les années 1942-1943, dans le cadre des F.T.P.-M.O.I. (Francs-tireurs et partisans-Main-d'œuvre immigrée).

L'intérêt primordial de ce récit extrêmement dépouillé est d'y découvrir quelqu'un qui a pris les armes à l'âge de seize ans sans devenir pour cela un héros. Il a fait. *C'est tout. Et lorsque la guerre s'est terminée, il a repris son travail, s'est marié et a nourri sa famille.*

J'ai essayé de transmettre la parole de Raymond Kojitsky en m'effaçant totalement. C'est lui qui raconte. Pourquoi ce livre? Parce qu'il est un témoignage nécessaire. Le témoignage de quelqu'un qui n'a jamais la parole parce que l'on parle toujours en son nom.

C'est une idée communément admise que les Juifs n'ont opposé aucune résistance à la terreur nazie. Cela arrange tout le monde – ainsi les témoins passifs de la Shoah, Allemands et autres, se trouvent lavés de leur faute collective : « Comment aurions-nous pu faire quelque chose puisque eux-mêmes ne faisaient rien? » Autre falsification de l'histoire. Raymond Kojitsky fait partie de ceux qui ont résisté. Les F.T.P.-M.O.I. ont été les seuls à effectuer des attentats contre les Allemands dans Paris occupé. Rappelons enfin les combattants du ghetto de Varsovie, les partisans juifs de Russie et ceux du maquis. Résister et survivre. Cela commence en Égypte, passe par Massada et Auschwitz, où les Sonder-Kommando se sont eux aussi révoltés. Est-ce la fin de cette tragique résistance?

Lors d'une cérémonie au Mémorial du martyr juif inconnu, Robert Badinter a prononcé un discours qui devrait figurer dans les manuels d'histoire, où il disait notamment : « ...la véritable Justice, ce n'est pas la vengeance mais la mémoire. »

DANIEL GOLDENBERG

I

J'AI mon certificat d'études. C'est tout. Le jour où je l'ai passé, je mâchonnais mon porte-plume comme un bâton de réglisse. Je contemplais le plafond avant de me lancer dans les pleins et les déliés. J'ai mon certificat et cela ne change pas grand-chose, sauf de me faire rire quand je pense à ma fille qui est médecin. Elle a tant de diplômes et de choses dans le crâne mais elle est toujours ma petite fille, la même que je promenais dans les rues de Ménilmontant.

Une vie ne se résume pas en deux mots. Et pourtant. Deux mots yiddish : « *Gloïbe oune Hoffen* », « Crois et espère ». Ma grand-mère et ma mère croyaient en Dieu. Mon père, non. Je suis la preuve vivante que Dieu existe! Sans lui, j'aurais été torturé ou fusillé ou exterminé à Auschwitz, comme ma mère, ma grand-mère, mon frère, mes sœurs.

La nuit, je n'arrive pas à dormir. Je me lève

et je regarde Paris par la fenêtre. Paris, vu de Ménilmontant, c'est quelque chose! Mais je ne le regarde plus comme avant. Je lui en veux. J'en veux à ses flics aussi de les avoir arrêtés. Paris a tout oublié. Je n'ai rien oublié. Je ne peux pas oublier. Je crois que si j'oubliais ce serait comme si les miens et les autres n'étaient pas morts comme ils sont morts.

Pendant dix ans, je les ai attendus. Dix ans. J'étais sûr qu'ils reviendraient. Et chaque jour, il faut se rentrer cette idée dans le crâne, ils ne reviendront pas, ils ne reviendront plus. Plus jamais. « *Gloïbe oune Hoffen...* » Et pourtant je me lève toujours.

Au cimetière de Belleville, il y a un petit monument avec une pierre plate sur laquelle sont gravés les noms de ceux qu'on a brûlés. C'est une tombe vide. Les parents, leurs amis, ceux qui n'ont pas oublié viennent déposer des petites pierres selon la tradition juive.

Ma mère est née à Radjimin, en Pologne. Je n'ai pas la moindre idée où cela se trouve. Je ne sais même pas si c'est une ville ou un village. Mon père, lui, est né dans un petit village, Gelerov. Quand j'étais môme j'essayais de m'imaginer comment c'était là-bas, si loin, en Pologne, parce que cela me semblait le bout du monde. Le monde pour moi était très petit, un bout de la rue de la Mare, de la rue des Envierges, de la rue de Ménilmontant puis, vraiment plus loin, la place de la République et, presque en Pologne, les Champs-Élysées. Je posais des questions. Mon père parlait toujours de Gelerov avec nostalgie, pas tellement à propos des gens ni du paysage mais surtout de la neige qui recouvrait tout. Elle lui a toujours manqué, la neige! Pas la petite neige d'ici, non, la neige qui fait mur et qui vous cloître à la maison et qui rend le monde silencieux. La neige qui empêche les antisémites du village de vous courir après en vous lançant des pierres. Mon père avait une cicatrice au front. Une pierre, un jour qu'il n'y avait pas de neige.

Je ne sais pas comment mon père et ma mère se sont connus. Peut-être la marieuse a tout organisé ou bien ils se sont découverts mutuellement, parce qu'elle avait un beau sourire et qu'il la faisait rire ou qu'il la faisait danser. Ma mère chantait en polonais, un peu en russe et surtout en yiddish.

Je suis né en 1926, rue Houdart, à deux pas du Père-Lachaise. Quand on naît en France de parents étrangers, ça commence par les complications. Mes parents ont été obligés de faire des déclarations à n'en plus finir sur des papiers de différentes couleurs et je suis devenu français. Naturalisé. Je n'ai aucun souvenir de la rue Houdart. Ma rue, c'est la rue de la Mare. A Ménilmontant. La famille s'y est transportée, dès le début.

La rue de la Mare était un vrai « Schtétl », un petit village juif, comme en Pologne, en Russie ou en Ukraine. Deux épiceries juives se partageaient la rue et on y trouvait tout ce qu'on voulait : malossol, matzos, chalé, kacha, betterave crue pour faire le bortsch, etc. Il y avait aussi deux boucheries kasher. Les hassidims s'y promenaient en redingote, chapeau de fourrure, païesses pendants.

Mon père était moitié brocanteur, moitié chiffonnier. Il quittait la maison, le matin, tirant sa petite carriole. A peine au bas de la rue de la Mare, il criait, la main en porte-voix :

– Habiiiiiiiits, chiffoooooooons!

Il achetait tout ce qu'on voulait bien lui vendre et puis, il le revendait. Il avait un petit étalage devant la porte de la remise qu'il laissait grande ouverte.

Nous, les mômes, mes copains et moi, cette rue de la Mare, on la remontait et on la redescendait des cinquante fois par jour en se courant après et en hurlant. Mon père, sans doute fatigué de nous voir, me donnait cinquante centimes et toute la bande allait au cinéma.

On fonçait à *L'Épatant,* c'était le nom du cinéma. Le parlant n'existait pas encore. Les acteurs roulaient des yeux de carpe. Un grand type, les fesses rivées à un tabouret tourniquet, fixait l'écran tout en jouant du piano au kilomètre. A *L'Épatant,* j'ai appris que, dans la vie, on a intérêt à se débrouiller. Les copains et moi avions mis au point un système simple et efficace. Nous n'étions que quelques-uns à entrer pour voir la première partie. Les autres, ceux qui n'avaient pas les cinquante centimes, attendaient dehors. A la fin de la première partie, il y avait un entracte pour que le pianiste se dégourdisse les jambes, se craque les doigts et aille boire un demi. Durant cet entracte on pouvait sortir à condition d'avoir un ticket de contrôle remis par le patron lui-même. Il se tenait devant la porte, l'œil aux aguets. Il avait des mains boudinées, le souffle court et un gros ventre qui faisait craquer son gilet. Il nous connaissait tous. On arrivait à le filouter en se faisant remettre plusieurs cartons qu'on s'empressait d'aller donner aux copains qui attendaient dehors. A la deuxième partie, toute la bande était réunie et on savourait le grand film. Avec un franc on faisait rentrer cinq copains.

Il y avait un autre cinéma, le cinéma d'une

sorte de patronage communiste, rue Boyer. Là, c'était moins décontracté. Chacun avait droit à un foulard et un béret rouges, comme les petits Soviétiques qui défilaient sur la place Rouge, le 1er mai. En fait de place Rouge, nous nous contentions d'arpenter fièrement les rues de Ménilmontant en chantant des chansons de prolos où le bonheur est toujours pour demain et la lutte pour tous les jours. Mon père était content. Il était communiste. Il avait commencé à militer en Pologne. Il a lu *L'Humanité* jusqu'au dernier jour de sa vie.

Il arrivait qu'il n'y ait pas de patronage communiste ou bien que nous n'ayons pas les cinquante centimes pour nous payer *L'Épatant,* il nous restait alors le terrain vague de la rue Henri-Chevreau. On y construisait des cabanes avec tout ce qu'on trouvait et on se fourrait là-dedans. On restait dans le noir en suçant des roudoudous.

Les roudoudous se sont brusquement terminés en 1940. La guerre était déclarée depuis un an. Elle traînait en longueur. Nous, les mômes, nous n'avions aucune idée de ce qui se passait. Un air de grandes vacances qui auraient duré.

Un jour, mon père a annoncé que les Allemands

allaient arriver, qu'ils pulvérisaient les défenses françaises.

– *Esse vet goute zain far Yiddn?* – Et ça, c'est bon pour les Yids? Sûrement pas! Alors on ne va pas les attendre!

Quelques heures après, on était sur les routes dans la camionnette de la brocante. Adieu l'école. Adieu Ménilmontant. Nous n'avions pas été les seuls à avoir la même idée. Tous ceux qui avaient une voiture, ou quelque chose qui roulait à l'essence, ou qu'on pouvait tirer avec un cheval, ou bien qu'on pouvait pousser en marchant, tous ceux-là étaient avec nous sur les routes. Et cela faisait beaucoup de monde.

Ma mère était assise à l'avant, à côté de mon père. Ma sœur aînée Yvonne et moi, nous étions à l'arrière au milieu d'un bric-à-brac fantastique. Yvonne et moi gardions les yeux fixés sur nos deux frères, Philippe et Jacques, qui suivaient sans peine à vélo, au milieu de la file qui s'étirait sans fin. Il faisait une chaleur à crever. Le soleil chauffait la bâche et quand on s'arrêtait on courait sous les arbres se rafraîchir. Nous n'avions aucune idée du but final du voyage. En revanche, nous avions instinctivement compris qu'il valait mieux ne pas poser de questions. Cela avait donc une allure de grande balade.

Quand arrivait la nuit, mon père se mettait en

quête d'un coin tranquille pour s'arrêter. Il finissait par le trouver et on s'installait. La campagne, je ne savais pas ce que c'était, un ciel vraiment étoilé non plus. J'écoutais les bruits qui venaient de partout et je sentais des odeurs inconnues. Nous restions longtemps les yeux ouverts, avant d'arriver à nous endormir. Et le lendemain nous repartions.

Les soldats n'étaient pas à la guerre mais avec nous sur la route. Ils partageaient leurs rations avec les civils. Une fois, ils ont même fait le plein d'essence de la camionnette.

Des avions de chasse venaient nous survoler comme pour nous rappeler que la guerre continuait. Ils créaient une immense panique. Toutes les voitures s'immobilisaient et leurs occupants couraient se jeter dans les fossés. Les avions disparaissaient sans avoir jeté de bombes, à notre grand étonnement parce que nous savions qu'ils en avaient jeté ailleurs et que des gens comme nous étaient morts. Les avions une fois disparus, les gens regagnaient les voitures et la longue file repartait. La drôle de balade reprenait son cours sous un soleil de plomb.

Un matin, au réveil, Philippe, mon frère aîné, s'aperçoit qu'on lui a volé son vélo pendant la nuit. Il est comme fou. Il va inspecter toutes les bécanes des environs. Bredouille.

– Les gens sont dégueulasses! nous dit-il.

Il est bien obligé de monter avec nous à l'arrière, sous la bâche. On repart. Philippe fixe intensément la route. Il rumine.

– Je vais le retrouver mon vélo! J'en suis sûr et certain, dit-il calmement.

Il est aux aguets. Son regard va d'un vélo à l'autre.

– Surveillez aussi! nous demande-t-il à Yvonne et moi.

On surveille. On roule et on surveille. Et tout à coup mon frère crie :

– Mon vélo!

On ouvre des yeux ronds, on regarde partout – on le connaît bien son vélo et on n'en voit pas l'ombre.

– C'est mon vélo! crie encore mon frère.

On ne voit toujours rien.

– Je le reconnais! C'est le dérailleur que je reconnais! Il fait un bruit spécial!

Il saute de la camionnette en marche. Mon père s'arrête. Toute la file s'arrête. Concert de Klaxons. Toute la famille descend de la camionnette. Philippe a déjà poussé le type qui était sur son vélo et il a la main sur le guidon.

– C'est mon vélo!

– C'est pas vrai!

Le ton monte rapidement. Philippe ne lâche pas le vélo auquel le voleur se cramponne. La scène se déroule devant un autocar bourré de soldats qui assistent à l'empoignade. Un officier descend du car.

– Bon maintenant, ça suffit, dit-il au voleur, foutez-moi le camp de là et vite!

Le voleur disparaît. Philippe, jubilant, reprend son vélo. La caravane repart.

Le voyage s'est terminé à Nevers, au beau milieu d'un embouteillage monstre. La file ne bougeait plus. Les nouvelles, en revanche, circulaient. Elles étaient alarmantes. Elles achevaient de nous briser le peu de moral qui nous restait.

Nous étions arrêtés dans le centre de Nevers, nez à nez avec une voiture en flammes. Elle était en travers de la route et bloquait toute la circulation. Quelqu'un est passé en courant et a crié :

– Les boches arrivent! Les boches arrivent!

Quelqu'un d'autre a fait un discours. Nous les enfants, on ne comprenait pas vraiment ce qui se passait. Mon père a passé sa tête par la portière, vers nous.

– On retourne à la maison! Ce sera pas pire qu'ici! nous a-t-il dit.

Plus facile à dire qu'à faire. L'essence était

devenue introuvable. Mon père a effectué un magistral demi-tour et nous avons repris la route vers Paris. Pas longtemps parce que nous sommes tombés en panne d'essence. En plein milieu de la route. Une nouvelle fois on bloquait. Des gens sont descendus de leurs voitures pour venir nous pousser sur le bas-côté. Le flot de voitures qui remontait nous est passé devant le nez pendant des heures. De temps en temps, mon père interpellait un chauffeur en lui montrant son bidon. Le chauffeur haussait les épaules, attristé ou méprisant, cela dépendait du cœur du type. Chacun pour soi. Et puis, plus personne n'est passé et la nuit est venue. Il faisait chaud avec une odeur de roussi dans l'air.

Nous n'étions pas loin d'un village et mon père est allé voir s'il y avait de l'essence. Il a trouvé mieux. Des braves gens lui ont proposé de nous héberger le temps de dégoter l'essence miracle. C'était une petite maison dans le village qui ressemblait un peu à la nôtre, rue de la Mare. Nous sommes restés là quelques jours. Ces mêmes braves gens nous ont déniché de l'essence et nous sommes repartis vers Paris.

Sur la route, nous avons croisé nos premiers Allemands. Eux aussi avaient l'air en balade. Propres, rasés, décontractés. Cela semblait irréel de croiser soudain ceux qu'on avait fuis avec tant d'acharnement.

Une drôle de vie a commencé après notre retour. On se sentait là provisoirement. Le problème était de manger. Survivre. Pour mon père, plus question d'aller faire sa brocante. Grâce à sa camionnette, il s'est reconverti un temps dans le petit transport. Il allait aux Halles tous les jours et se chargeait de colis et de cageots pour les commerçants du quartier. Quand je n'avais pas classe, je l'aidais. Je me demande encore comment il parvenait à trouver de l'essence. Chaque jour, on vivait de petits miracles.

Rue de la Mare, il y avait un café dont le patron avait confié le transport de son vin à un chauffeur de taxi qui habitait notre rue. On n'a jamais su pourquoi le cafetier, un jour, a demandé à mon père de s'en charger. Mon père a accepté. Peut-être n'aurait-il pas dû. Le chauffeur de taxi en a fait une maladie. Il venait hurler avec sa femme, devant notre porte.

– Sale Juif! Tu m'prends mon boulot!

Un matin, la femme du chauffeur de taxi a poursuivi mon père avec une chaîne de chien. Elle l'a frappé. Elle criait et trépignait.

– Youpin! Youpin!

Ma mère et moi avons essayé de nous interposer

mais la femme était une véritable furie. Mon père saignait. Je n'ai jamais oublié. La haine s'installait.

Après mon certificat, je suis allé au cours complémentaire, rue Sorbier. J'usais mes fonds de culotte sans grand résultat. Mes deux frères, eux, étaient des cracks. Premiers partout. Je les admirais et cela me faisait plaisir.

Je n'ai pas tenu longtemps sur les bancs de ce cours complémentaire. Je voulais un vrai travail. Ma grand-mère paternelle habitait avec une de mes tantes, rue de la Mare, juste en face de notre maison. Ma tante m'a placé. Elle travaillait dans la petite maroquinerie. Grâce à elle, je me suis retrouvé devant ma première machine.

Apprenti maroquinier à quatorze ans.

J'aimais bien l'atelier. Il était situé au 18 de la rue Oberkampf. Je descendais à pied de la rue de la Mare. Mon patron s'appelait M. Weinstock. Une armoire à glace d'un mètre quatre-vingt-dix. Un cœur d'or dans beaucoup de chair.

Quand j'ai commencé mon apprentissage, les Allemands étaient là depuis trois mois. Ils se baladaient partout. Les copains et moi leur vendions des cartes postales. Ils avaient hissé leur drapeau à croix gammée sur tous les bâtiments officiels. Ils installaient, aux carrefours importants, des poteaux indicateurs en allemand.

Et c'est tombé sur la tête des Juifs, tout d'un coup. Les premiers cars de flics, je les ai vus au bas de la rue de la Mare, un matin en partant travailler. Ils embarquaient les Yids comme pour une rafle de putes. Ils couraient après ceux qui essayaient de se sauver. Les passants circulaient. Les moteurs tournaient, les portières des cars restaient ouvertes et on entassait. Les gradés organisaient. Un jour, un type dans le genre badaud a demandé pourquoi on les arrêtait.

– Ce sont les ordres!

Le type s'est contenté de cette explication. Des ordres comme ceux-là, ils en avaient continuellement et ils les exécutaient.

Deux copains, Simon et Pierre, m'avaient donné rendez-vous au métro Ménilmontant. C'était déjà le soir, entre chien et loup. Nous nous étions assis sur un banc du boulevard. Nous nous racontions ce que se racontent les mômes. Nous n'avons rien entendu, rien vu et, tout à coup, a surgi devant nous un car de police, tous feux éteints. Les portières s'ouvrent et une nuée de flics nous saute dessus. Nous étions terrorisés. Ils nous crient de lever les mains en l'air. On lève les mains. On n'a pas le temps de dire un mot. Un brigadier crie :

– Embarquez-les!

Il se tourne vers moi qui étais sur le point de monter dans le panier à salade.

– Toi, le petit voyou à la gapette, barre-toi!

Je n'ai pas demandé mon reste. Je suis parti en courant. Ce n'est pas la petite casquette qui m'a sauvé la vie. Ce serait plutôt l'Autre qui était toujours là. Simon et Pierre ont été déportés.

Ils raflaient dans le métro aussi. Ils bloquaient les gens sur toute la largeur du quai ou bien encore à la sortie.

– Vos papiers! me demande un flic.

Je venais d'être coincé dans une rafle à la sortie du métro, près des guichets. Ils veulent la carte d'identité sur laquelle il y a le tampon : JUIF.

– J'en ai pas de carte d'identité, j'ai pas seize ans!

Ils me laissent passer. Je ne regarde pas derrière. Je grimpe quatre à quatre les marches de l'escalier vers l'air libre. Je cours mais je sais qu'ils peuvent resurgir au coin de la rue.

Un de mes copains s'était fait rafler à la sortie du métro, en haut des escaliers venant du quai.

Les flics faisaient le tri dans le hall. Les Juifs d'un côté, les autres dehors. Lui, bien sûr, est du côté des Juifs. Le flic qui surveille est à côté de lui, comme s'il lui était spécialement affecté. Mon copain envoie un grand coup de coude dans les côtes du flic et se sauve. Grande cavalcade. Les flics le poursuivent sur le boulevard. Il fait nuit. Il retire ses chaussures. Elles faisaient un boucan du diable sur le macadam désert. Il court de plus belle. Les flics ne le lâchent pas. Il arrive à prendre un peu d'avance. L'idée de la dernière chance lui vient et il ne perd pas de temps pour la mettre à exécution : il grimpe dans un arbre avec la force du désespoir. Les flics passent sans le voir. Ce n'est pas encore pour cette fois-ci.

Quand le port de l'étoile a été imposé aux Juifs, les choses sont devenues encore plus faciles. Plus besoin de demander les cartes d'identité. Un coup d'œil sur la veste ou le manteau suffisait.

Un matin, nous venions à peine de nous lever quand on a sonné, d'abord normalement puis de plus en plus fort. Ma mère est allée ouvrir en chemise de nuit. Deux flics français en civil se tenaient dans l'encadrement de la porte.

– Police! dit l'un d'eux, Kojitsky, c'est bien ici?

Ils voulaient mon père. Nous, les enfants, ils ne voulaient pas de nous. Trop jeunes selon le règlement allemand. Ils ne voulaient pas de ma mère non plus, parce qu'elle avait un bébé. Les deux flics nous regardaient d'un air méfiant. Ils ont fait le tour complet du petit logement, furetant partout même aux toilettes et sur le rebord du balcon. Ils se repassaient l'un l'autre nos cartes d'identité qui portaient le tampon « JUIF ». Ils voulaient absolument savoir où était mon père! Les flics posaient des questions à ma mère, en nous regardant de temps en temps, nous les enfants, mais nous nous taisions.

– Si vous savez quelque chose et que vous ne dites rien, c'est grave, hein! nous a dit un des flics.

– Faites attention, a dit l'autre, on va enquêter. Et ils sont partis tous les deux.

La porte s'est refermée. Nous les avons entendus dévaler l'escalier. Nous n'osions plus bouger. Depuis quelque temps mon père ne dormait plus à la maison mais dans sa remise, passage de Ménilmontant, où il entassait depuis toujours ses chiffons et une partie de sa brocante.

Après la visite des flics, mon père a décidé que, dorénavant, nous irions tous dormir dans la remise du passage de Ménilmontant. On s'y rendait discrètement, un par un. Nous dormions sur les chiffons, serrés les uns contre les autres. Ce sont certainement les dernières fois que nous avons été réunis, les Kojitsky. Dans la nuit, ma mère pleurait et mon père lui disait que tout ça finirait bien par s'arranger.

Ça ne s'arrangeait pas. La remise et ses chiffons devenaient de moins en moins sûrs. Le seul espoir restait la zone libre. Pour se rendre en zone libre, il fallait passer la Ligne de démarcation, véritable frontière avec ses postes et ses rondes permanentes, avec chiens. Les passeurs qui avaient du cœur et pas envie de fric étaient rares.

Ma mère, comme la plupart des Juifs de Ménilmontant, ne voulait pas partir. Mon père finalement décida qu'on irait en éclaireurs, mon frère Philippe, lui et moi, et qu'ensuite ma mère et mes deux sœurs nous rejoindraient par le même chemin. Mais d'abord, où trouver le passeur qui ferait ça gratuitement ? Mon père a fini par dégoter l'adresse miracle, quelque part dans le Jura, pas loin de Dôle, à Paray. Dans ce village, un passeur conduisait les gens de l'autre côté, seulement pour les aider et pas pour leur portemonnaie.

La gare de Lyon pullulait de soldats allemands et de flics aussi. Ce n'était plus une gare mais plutôt une caserne. Nous avons réussi à prendre le train et à trouver trois places. Mon père nous avait bien recommandé de rester bouche cousue. Pas un mot. Alors on ne disait rien.

Tout semblait normal, le compartiment, les autres voyageurs. Je ne pouvais pas m'empêcher de penser que ces voyageurs avaient tous deviné que nous étions trois Yids, que ça crevait les yeux à cause des têtes qu'on devait faire pour avoir celle de tout le monde. A chaque instant nous étions à la merci d'un contrôle allemand. Il suffisait qu'ils soient montés à la gare précédente. Chaque arrêt pouvait être le dernier. Le contrôleur est passé. Il a poinçonné nos billets et nous les a rendus en soupirant. Je me suis tourné vers la fenêtre et j'ai regardé la campagne qui défilait.

Mon père nous a fait descendre juste avant Dôle. Une gare perdue où il y avait à peine une baraque et même pas de quai. C'était l'automne, il faisait frais et il tombait une petite pluie triste et froide.

– Maintenant il y a une dizaine de kilomètres à pied, nous a-t-il dit.

Et voyant les têtes qu'on faisait, il a ajouté :

– Ça vaut mieux que de se faire prendre dans une rafle, à la gare de Dôle.

Nous nous sommes mis en route. J'essayais de ne pas marcher dans les flaques. J'avais froid et mal aux pieds à cause des ampoules. Je n'ai rien vu de Dôle bien que nous l'ayons traversé complètement.

– Il reste quelques kilomètres, nous a dit mon père dès qu'on a attaqué la route de Paray.

C'était presque le soir quand on est arrivés là-bas. La petite pluie continuait. Ça sentait les vaches et la bouse. On était vraiment comme au bout du monde.

Le passeur n'est pas venu au rendez-vous. On avait bien son adresse mais on ne savait pas si on devait aller frapper chez lui ou non. On ne pouvait pas rester là, plantés comme des piquets avec nos valises en carton et nos petits sacs. On s'est mis à tourner en rond dans le village. Il avait l'air vide ce village, et pourtant il devait y avoir trois cents habitants. J'avais le sentiment que certains d'entre eux nous surveillaient derrière leurs rideaux.

Il me semblait avoir marché une éternité avant que mon frère tente quelque chose.

– Attendez-moi là. Je vais chez le passeur, a-t-il dit.

– Oui, tu as raison, a répondu mon père, vas-y.

Et Philippe y est allé. Il avait dix-huit ans. Il était rouquin, grand, avec un visage intelligent, vif, mobile. Il avait l'air de toujours réfléchir. Je l'ai regardé s'éloigner dans la ruelle. J'ai voulu l'appeler, je me souviens. Nous ne l'avons plus jamais revu, Philippe.

Mon père et moi l'avons attendu longtemps, sans bouger, les yeux fixés sur cette ruelle. On n'a rien vu, rien entendu. Nous sommes finalement allés chez le passeur, nous aussi. La porte de sa maison était entrebâillée, il y avait de la lumière, et plus personne. Un habitant du village est apparu. On ne savait vraiment pas d'où il sortait. Il avait un béret sur le côté, des bleus et de gros godillots. Une cigarette roulée, éteinte, pendait au coin de ses lèvres.

– Vous n'avez pas vu, il n'y a pas longtemps, un grand garçon, rouquin, par hasard? lui a demandé mon père.

– Pour sûr que je l'ai vu, tiens! a répondu l'homme à la cigarette, les soldats allemands l'ont arrêté.

– Vous êtes sûr, lui ai-je demandé à mon tour.

– Les Allemands l'ont embarqué, je vous dis, il y a pas un quart d'heure! a répondu l'homme, et j'ai remarqué qu'il avait un accent chantant.

Seuls dans le village et sous la pluie, nous ne savions pas où aller. J'ai cru apercevoir la silhouette de l'homme à la cigarette. J'ai tiré mon père par la manche et on s'est éloignés. Il faisait encore jour. La pluie n'avait pas cessé. J'ai regardé mon père. Il gardait le silence comme moi. Nous

nous sommes remis à marcher, sans but, machinalement. On ne pensait qu'à Philippe. On s'est retrouvés à la sortie du village sans savoir comment.

Et les Allemands ont surgi.

On les a d'abord entendus. Ils parlaient fort entre eux. C'étaient deux gardes-frontière à vélo, leur fusil dans le dos. Ils roulaient côte à côte. Ils venaient droit sur nous qui étions au milieu de la route. On entendait le bruit de la chaîne de leurs vélos, les pédales grinçaient un peu aussi. J'ai pris la main de mon père et j'ai murmuré entre les dents :

– Papa ! On est faits ! mais nous avons continué à marcher.

Je serre la main de mon père, très fort. Les deux Allemands, quand ils sont à un ou deux coups de pédale, s'écartent, nous évitent, nous dépassent et se remettent à rouler côte à côte derrière nous, continuant leur conversation. On a les jambes en guimauve mais on ne s'arrête pas. Surtout ne pas s'arrêter. Quand je dis que Dieu existe, je ne plaisante pas.

La nuit est tombée et il continue de pleuvoir. Mon père a un peu d'argent mais aller dans un hôtel est impensable. Trop risqué. On continue de marcher. Le village est loin derrière. J'avais envie de pleurer. Mon père a aperçu la vieille baraque à moitié en ruine et abandonnée. Elle était ouverte à tout vent et n'avait qu'un seul étage. Il restait quelques pans de mur et un toit troué comme une passoire. Il y en avait quand même assez pour nous abriter.

Nous sommes entrés. J'ai entendu toute une cavalcade, sûrement des petites bêtes qu'on avait dérangées dans leur cachette et qui s'échappaient. Pourtant on était prêts à partager. La maison était à une dizaine de mètres de la route. La nuit, les camions allemands n'ont pas cessé d'aller et venir. On n'avait pas besoin de se le dire, mais chaque fois qu'on entendait râler une boîte de vitesses on se demandait si Philippe n'était pas dans le camion. J'ai dormi un peu, avec des cauchemars, des bruits de bottes qui secouaient les marches pourries de l'escalier de la vieille baraque et des réveils en sursaut, comme si on me tapait sur l'épaule pour me dire de monter dans le camion rejoindre Philippe. Cette nuit-là, j'ai tellement pensé à Philippe. Lui, je suis sûr, devait souhaiter ne pas nous voir et être heureux qu'on ne se soit pas fait prendre.

Plus tard on a appris ce qui s'était passé. Le passeur n'était pas venu au rendez-vous parce que les Allemands l'avaient arrêté et fusillé. Cet homme est dans ma panoplie de chagrin.

Un de mes copains, Charles Berger, arrêté peu après Philippe et qui a eu la chance d'en revenir, nous a raconté. Ils l'ont d'abord battu, Philippe. Ils l'ont ramené ensuite à Paris et on l'a interné à Drancy. Il nous a écrit jusqu'au moment où il est monté dans un wagon pour Auschwitz. A peine arrivé, il a attrapé le typhus. Ils l'ont gazé presque tout de suite et puis envoyé au four crématoire. Mon copain est le dernier à avoir vu Philippe vivant.

– Et personne ne pouvait l'aider, là-bas ? lui ai-je demandé.

– Parfois, on pouvait, mais seulement après quelques mois... Il fallait tenir jusque-là...

Les communistes du camp étaient organisés. Dans cet enfer, il y avait des planques, une notamment qui s'appelait le « Canada », on y triait les vêtements. Philippe n'est pas allé au « Canada ». Philippe Kojitsky, né le 20 janvier 1924, déporté dans le convoi numéro 48, le 13 février 1942.

Nous sommes sortis de la maison au petit jour. Il pleuvait toujours. Je ne sais plus comment nous sommes revenus à Paris.

– Ils ont arrêté Philippe, a dit mon père à ma mère.

Jamais je n'oublierai le visage de ma mère et ses yeux.

On arrête, on déporte et la vie continue. C'est une des raisons qui doivent me pousser à retourner travailler dans la maroquinerie. Mon grand costaud de patron, M. Weinstock, est toujours là, mais en fait, il n'est plus patron. Le commissariat aux Affaires juives, organisme sous tutelle allemande, a désigné son ancienne secrétaire et le mari de celle-ci comme administrateurs aryens. Elle s'appelait Marguerite. Ce n'étaient pas de mauvaises gens et un accord devait exister entre eux et M. Weinstock.

Mon père n'en démordait pas : aller en zone libre était son but suprême. Ma mère ne voulait pas le suivre; autour de nous, les rafles prenaient des proportions inouïes mais ma mère restait persuadée qu'elle continuerait de passer à travers parce qu'elle avait un bébé.

Mon père est reparti, seul cette fois. Il réussit à passer la ligne de démarcation. Il échoua à Toulouse où il se mit à travailler comme un forçat pour nous envoyer de l'argent. Il reprit la cordonnerie, un métier qu'il avait pratiqué dans le temps. Il faisait des miracles. Une vieille paire de chaussures ressortait de ses mains comme neuve. Mais cela ne rapportait pas assez, alors il s'est fait embaucher comme docker et a déchargé les péniches sur le canal du Midi et, à l'occasion, il travaillait aussi comme maçon. Et cela se transformait en mandat pour la famille.

Travailler augmentait le risque de se faire arrêter ! Après la guerre il m'a raconté comment, une fois, il en réchappa de peu. Il habitait un petit hôtel. La patronne n'ignorait pas qu'il était yid. Les Allemands avaient déjà envahi la zone libre, autrement dit, il n'y avait plus de différence notable de part et d'autre de la ligne. Ce jour-là, les Allemands investissent l'hôtel et, suivis de la patronne, fouillent toutes les chambres. Mon père les entend venir. Ils s'arrêtent devant sa chambre. Mon père voit la poignée de la porte tourner. Éclate alors, joyeuse et compatissante, la voix de la patronne, avec l'accent de là-bas.

– Oh ! Laissez-le ! dit-elle, c'est un vieil ouvrier, il dort, c'est pas la peine de le déranger...

Les Allemands marmonnent quelques mots et mon père entend le bruit des bottes qui s'éloignent en faisant trembler le parquet du couloir. Il s'éponge le front. Il ne sait pas ce qu'il y a sur son visage, de la sueur ou des larmes.

On survit, mon père à Toulouse, nous à Paris. Je continue de travailler dans la maroquinerie de

M. Weinstock. On fabrique des sacs dans lesquels il n'y a plus rien à mettre.

Autour de nous, c'est une véritable hécatombe. Pas un jour ne se passe sans qu'on apprenne l'arrestation d'un parent, d'un ami, ou de quelqu'un qu'on connaît de vue. A partir de cette époque, les Allemands et leurs aides français ne préservent même plus une apparence de légalité. On arrête nuit et jour. Les flics français en civil s'en chargent. Pourtant il y en a quelques-uns qui préviennent les Yids à la veille des rafles ou bien, lors d'une arrestation, qui leur conseillent vivement de retourner chez eux chercher un manteau ou une couverture. En clair : « Sauvez-vous ! » Mais où se sauver ?

Ils ont arrêté mon oncle dans l'escalier, sans lui laisser le temps de souffler. Les grandes rafles commencent. Elles s'abattent sur le quartier. Ils arrêtent ma grand-mère, ma tante et mon cousin âgé de trois ans. Eux non plus ne sont jamais revenus d'Auschwitz.

Ma grand-mère possédait cent dollars. Après avoir été arrêtée, elle s'est débrouillée pour nous les faire parvenir. Avec cet argent, nous avons pu manger des semaines durant.

J'avais seize ans. Dans la maroquinerie de M. Weinstock, nous étions tous Yids, sauf bien sûr les administrateurs, Marguerite et son mari. Un semblant de vie normale continuait.

Un après-midi, la porte s'est ouverte. Je travaillais dans le fond de l'atelier. Deux flics français en civil sont entrés. Ils se sont avancés de quelques pas. Ils n'avaient pas besoin de parler. On savait ce qu'ils voulaient mais ce qu'on ignorait, c'était « qui » ils voulaient.

Ils se sont approchés de M. Weinstock. J'étais sidéré. J'avais vu des tas et des tas d'arrestations et je ne m'y habituais pas. Les deux flics étaient assez jeunes, de taille normale, mais ils paraissaient minuscules à côté de M. Weinstock qui avait l'air d'une montagne. Cela avait un côté presque comique. M. Weinstock aurait pu les estourbir d'une pichenette. L'un des deux flics s'est tourné vers lui. Il était obligé de lever la tête pour lui parler.

– Le dénommé Weinstock, c'est vous ?

– Oui, oui, c'est moi! a répondu mon patron.

– On vous emmène.

Je me disais : « Il va leur envoyer son poing dans la gueule. Il n'a qu'à faire un geste et ils sont par terre. » J'attendais.

Il y a un silence de mort. Personne ne bouge. Tout à coup M. Weinstock se met à pleurer. Il pleure comme un enfant, sans un mot, les sanglots le secouent et le font gémir. Je suis là, un outil à la main, et ça me donne envie de pleurer à moi aussi.

M. Weinstock se précipite vers la porte. Les deux flics le rattrapent et le ceinturent.

– Allez! pas d'histoires, hein, dit l'un des flics, vous allez nous suivre gentiment.

Et M. Weinstock les a suivis.

Je ne suis plus retourné travailler à la maroquinerie après l'arrestation de M. Weinstock, fin 1942. Je restais à la maison avec ma mère. Mon frère Jacques avait dix-sept ans, moi seize. Il était aux Jeunesses communistes juives. Il s'est sans doute rendu compte que je voulais agir. Il n'a pas eu besoin de faire de phrases.

– Viens avec moi, m'a-t-il dit, un jour.

C'est tout.

J'avais compris. Je n'avais pas vraiment une idée très précise de ce que c'était les Jeunesses communistes juives. Au début, ils ne m'ont pas fait faire grand-chose. L'important pour moi était de participer, si peu que ce soit. Je confectionnais des colis pour ceux qui étaient en prison. C'étaient des sortes de tests, afin qu'ils se rendent compte si j'étais sérieux et compétent, si je m'accrochais, si l'idée de passer à l'action n'était qu'une lubie de môme. Je préférais ça à la maroquinerie.

Mon premier chef a été Henri Krasucki. Il transmettait les ordres. A ce moment-là, j'étais intégré dans un groupe de trois. Parfois, Krasucki échangeait avec moi quelques mots en yiddish. Cela nous venait naturellement. Krasucki s'adressait toujours à nous calmement, comme s'il avait tout le temps. Il savait commander et garder la tête froide. Il réfléchissait vite et bien. J'avais de l'amitié pour lui. Il était rassurant avec toujours une parole amicale pour chacun d'entre nous. Et, sans en avoir l'air, il observait, sans doute pour repérer ceux qui se révéleraient capables de se lancer dans des actions importantes, sinon plus risquées.

De temps en temps, aux Jeunesses, on nous parlait un peu du Parti communiste. J'écoutais. Grâce à mon père, le Parti avait toujours été présent dans notre vie. A la maison on entendait toujours dire : « générosité », « Juifs libres », « grands frères soviétiques », « imbattable Armée rouge » et « petit père du peuple », « génial Staline » qui avait toujours raison parce qu'il ne pouvait pas avoir tort, ce qui rendait les choses très simples.

Ma première action a été un « lancer ». Cela s'appelait ainsi parce qu'il s'agissait de lancer des tracts qui avaient pour but de réveiller les gens, de leur faire comprendre ce qui se passait. J'aimais lancer. Les flics français surveillaient et guettaient la moindre infraction au nouvel ordre établi.

On lançait où il y avait du monde. Les cinémas étaient l'endroit idéal. Ils ne désemplissaient pas. Je me souviens encore des titres sur les affiches : *Le Corbeau, La Main du diable, Les Visiteurs du soir.* Les gens allaient oublier leurs problèmes au cinéma.

Nous attendions les spectateurs dehors, discrètement, plusieurs paquets de tracts dans nos poches. La consigne était aussi de sentir le flic, d'être constamment sur nos gardes. En cas d'arrestation, les chefs nous avaient donné à chacun un marteau pour nous défendre. Pour ma part j'aurais été incapable de flanquer un coup de marteau à quelqu'un! Je me disais que le marteau rassurait surtout les chefs.

Le cinéma se vidait. Les gens filaient vite. Ils n'avaient pas envie de traîner sur le boulevard. Nous devions agir rapidement. On se mêlait à la foule et on jetait en l'air plusieurs paquets de tracts. Ils retombaient en planant sur le trottoir.

Les tracts informaient les gens de ce que faisaient réellement les Allemands. Ils donnaient le nom des fusillés. Ils condamnaient la collaboration de Vichy. Ils relataient les exploits de l'Armée rouge qui commençait à battre l'armée allemande. Ils dressaient la liste des actions F.T.P., comme par exemple l'attaque d'un bureau de mairie pour rafler des cartes d'alimentation. Ces tracts étaient imprimés un peu partout dans Paris et ceux qui s'en chargeaient, s'ils se faisaient prendre par les Allemands, étaient immédiatement fusillés.

Les tracts jonchaient le trottoir et la plupart des gens n'y faisaient pas attention. Quelques-uns seulement se baissaient pour en ramasser un ou deux qu'ils fourraient rapidement dans leur poche.

Nous nous enfuyions en courant, la peur du flic collée au talon. On s'arrêtait enfin, contents de souffler et heureux d'avoir pu faire quelque chose.

Un soir qu'on venait de jeter les tracts à la sortie du cinéma *Le XXe siècle,* boulevard de Ménilmontant, pas assez rapidement sans doute, des flics ont repéré Jacques et se sont précipités sur lui. Ils ont voulu l'embarquer. On savait ce que ça voulait dire. Mon frère, fort de ses faux papiers, s'est défendu avec astuce. Il les a entraînés dans une discussion qui s'éternisait.

– Je n'ai rien lancé du tout, moi! D'ailleurs je n'ai rien! Vous pouvez me fouiller... J'étais au cinéma, c'est tout... Il n'y a pas de mal à ça quand même!

– Alors pourquoi vous aviez le bras en l'air, hein? a voulu savoir un flic.

– J'avais le bras en l'air, a répondu mon frère, sans se démonter, parce que j'enfilais la manche de ma gabardine en sortant du cinéma.

Il accompagnait sa démonstration de grands gestes. Il levait le bras, le baissait pour leur prouver qu'il avait bien enfilé la manche de sa gabardine. Les flics ont fini par se fatiguer et ont abandonné la partie.

Quelle joie quand nous nous sommes retrouvés après l'événement! Chacun refaisait le coup de la manche, rien que pour le plaisir! On se sentait envahis par un immense sentiment de camaraderie. On se sentait unis. Une espèce de chaleur véritablement humaine passait entre nous comme du courant électrique. C'étaient nos petites victoires.

Il nous arrivait aussi de faire des lancers de jour, comme cette fois à la sortie du métro Ménilmontant où un flic s'est jeté sur moi. C'était un jeune, vingt-cinq, trente ans. Il m'a empoigné.

– Allez! Suis-moi! J't'ai vu, je te dis que j't'ai vu, n'arrêtait-il pas de répéter.

Je me suis débattu jusqu'à ce que les copains arrivent. Ils nous ont entourés sans un mot. Le petit flic a paniqué, impressionné par le silence peut-être. Il a laissé tomber. Ce pouvait être aussi une ruse pour aller chercher du renfort. Nous n'avons pas attendu qu'il revienne pour le vérifier. Ménilmontant était notre petite patrie, nous en connaissions les rues comme notre poche, et en moins de temps qu'il faut pour le dire nous avons disparu.

Coller des affiches faisait aussi partie des missions de nuit. Ces affiches annonçaient les temps meilleurs, le retour de la liberté que les citoyens devraient justement à l'action des partisans comme nous. Si on se faisait prendre par les Allemands ou par les Français, ce qui revenait au même puisqu'ils nous livraient aux Allemands, c'était la mort. Et pour les Juifs : Drancy-Auschwitz. Pourtant personne ne pensait à la mort.

Petit à petit, les choses sont devenues plus sérieuses. Krasucki savait ce qu'il faisait. Il n'y avait pas d'enseignement théorique. Rien que de la pratique.

Chaque groupe de trois était généralement formé de deux garçons et d'une fille, mais personne ne pensait à la bagatelle. A cette époque, j'étais aussi innocent que l'enfant qui vient de naître.

Et il y a eu la place Martin-Nadeau. C'était

un carrefour important pour le transit des troupes allemandes dans Paris. Les *Feldgendarm* y avaient installé des flèches de direction sur des poteaux en bois. Les poteaux avaient été placés juste en face d'un cinéma, *Le Zénith.* Nous les avons enveloppés de chiffons imbibés d'essence puis nous avons attendu la sortie du cinéma. Heureusement que les gens allaient au cinéma, sans ça nous n'aurions jamais eu un seul spectateur. C'est très long à attendre, une sortie de cinéma. Le temps passe lentement et on commence à se poser des questions. Est-ce que les allumettes vont craquer comme il faut? Et l'essence, est-ce qu'on en a mis assez? Si oui, est-ce que ça va bien flamber? Et surtout, est-ce que les gens vont comprendre ce qui se passe? Et si jamais ils prennent peur, croyant que ça va exploser?

Ça y est, l'allumette craque, on la jette sur les chiffons, les chiffons prennent violemment feu avec un appel d'air, et c'est le cent mètres. On court comme des dératés, en espérant que ni les flics ni les boches ne vont en faire autant. Je me retourne et j'ai le temps de voir que les poteaux flambent bien. Ils illuminent la place entière. J'ai aussi le temps de voir la tête des gens qui fixent le feu, surpris.

Pendant la fuite, j'ai pris la main de la fille et

nous avons couru tous les deux jusqu'à ne plus pouvoir respirer. Mission accomplie.

Après la guerre, j'étais dans un taxi et tout à coup, la fille qui avait fait le coup de la place Martin-Nadeau avec moi, la voilà en face de moi, dans un autre taxi, allant en sens inverse. Les deux taxis, coincés dans la circulation se sont arrêtés quelques secondes. On se regarde. On se reconnaît.

– Raymond!

– Paulette!

Et les taxis démarrent. On se quitte à nouveau. Pour toujours, peut-être.

Je me ronge. Les tracts et les poteaux ne me suffisent pas. Quelle différence entre jeter des tracts ou une grenade? Je m'entraîne devant la glace. Je jette des milliers de grenades et je fais des dégâts. Il faut que j'en parle à Krasucki. On se voit régulièrement et brièvement. A chaque rencontre, je me promets de lui en parler. J'ai peur qu'il refuse ou bien qu'il ne me prenne pas au sérieux. Chaque fois que nous nous voyons, je ravale mon discours devant son air doux. Un jour, je me jette à l'eau. D'un trait. Je débite mon couplet. Je ne sais plus ce que je lui raconte. Il m'écoute et quand j'ai fini, il ne dit rien. J'attends.

– On va voir..., dit enfin Krasucki.

Je me console en me disant que c'est mieux qu'un non. Après mon aveu, on se rencontre plusieurs fois. On dirait qu'il a oublié tout ce que je lui ai dit. Et un soir, sur le même ton qu'il m'aurait dit « passe-moi le sel », il murmure doucement :

– Tu vas passer aux F.T.P.

J'ai eu vingt ans d'un seul coup. Je rentrais dans les F.T.P.-M.O.I.! Le réseau était composé d'étrangers, républicains espagnols, Italiens antifascistes, Allemands, et, en majorité, de Juifs. Le Parti communiste nous avait mis à part. Bien que né en France, je devenais immigré. Immigré, sans bouger.

J'attends. Je suis dans les F.T.P.-M.O.I. et rien ne se passe. Je piaffe d'impatience et mon imagination fait le reste. Le jour du premier rendez-vous arrive et il ne ressemble à rien de ce que j'ai imaginé! C'est au métro Bastille, sur le quai, direction Vincennes. Je rencontre Lamberger pour la première fois. Il a un journal plié dans un livre pour que je le reconnaisse. La rame s'arrête. Je descends. J'étais dans l'avant-dernier wagon. Sur le dernier wagon on peut lire une affichette : « VOITURE RÉSERVÉE AUX JUIFS ».

Je m'approche de Lamberger et m'assois à côté de lui. Nous ne nous disons rien tandis que passent plusieurs rames. Et puis il me parle. Il me dit des banalités. Je n'y comprends rien. Je pense qu'il doit toujours en être ainsi et que bientôt il va m'annoncer quelque chose d'important où je serai impliqué. Non. Il continue à me débiter les mêmes banalités. Brusquement, je m'angoisse. Je me demande si je ne me suis pas trompé de type et si je ne suis pas en train de parler avec un membre de la Gestapo. Il me quitte et disparaît, me laissant seul sur le banc. Je ne sais pas si j'ai rêvé ou bien si j'ai véritablement rencontré Lamberger.

Tout au long des semaines qui suivent, j'ai plusieurs rendez-vous de ce genre-là et je me rends compte qu'ils m'apprennent en fait beaucoup. D'abord à repérer si je suis filé, et, si je le suis, à semer le suiveur. J'apprends aussi à bien regarder, vite et efficacement. J'apprends à être calme. J'apprends à savoir attendre. J'apprends à ne pas poser de questions. Pas de question : pas de réponse, et pas de réponse, veut dire : rien à raconter en cas d'arrestation. J'apprends sans mots. C'est une initiation. Maintenant, avec le recul, je comprends que cette attente de l'action m'a fait découvrir la force de ma détermination. Elle a duré un mois ou deux jusqu'à ce qu'on me dise :

– On va faire un coup.

PIVERT

Début 1943. Le jour de ma première et véritable action est enfin arrivé. Nous formions un groupe de trois. Une fille, deux garçons. Le rendez-vous est fixé place Cambronne.

– Un nom pareil devrait nous porter bonheur! Je ne sais plus qui l'a dit, moi peut-être.

La fille apportait les armes et les munitions. C'était la règle. Il y avait moins de risques qu'une femme se fasse fouiller ou arrêter dans la rue ou dans le métro. Elle reprenait les armes après l'attentat, et chacun disparaissait de son côté.

On se retrouve donc, place Cambronne. La fille avait le pistolet et la grenade dans son sac. C'était la première grenade que je voyais, elle était de fabrication artisanale, ce qui ne l'empêchait pas de faire beaucoup de dégâts. Pourtant ce n'était rien qu'une espèce de cylindre avec une mèche au bout. Il ne fallait pas sortir de Polytechnique pour la faire exploser! Il suffisait d'allumer la mèche avec le bout incandescent d'une cigarette et de compter six secondes. C'est le temps dont on dispose pour la jeter et se sauver. Six secondes, à peine deux ou trois battements de cils. C'est court, mais cela n'en finit plus. Au cours de la fuite qui suit, on attend la détonation. Elle met longtemps à venir. Très longtemps.

On repère la cible. C'est un garage, au fond d'une petite cour, rempli de camions allemands.

Une grille-accordéon barre l'entrée de la cour et la porte du garage lui-même se trouve à cinq, six mètres de là. C'est un obstacle de taille. Il faut lancer la grenade à travers la grille, avec assez de force pour qu'elle tombe à l'entrée du garage. Ce n'est pas un premier coup facile. De plus, il y a un café, juste à côté de la grille. Une ribambelle de soldats allemands sont attablés à la terrasse. Ils parlent fort. Ils rient aux éclats et descendent une quantité incroyable de demis de bière. Une odeur de tabac turc flotte dans l'air.

Les faire tous sauter avec le garage est de la pure folie. Nous sommes courageux mais pas suicidaires, ni fanatiques. Il faut prendre une décision. L'attentat est remis au lendemain matin, de bonne heure.

Autre problème, éviter d'aller et venir. Le mieux serait de pouvoir dormir près d'ici. La fille, comprenant la situation, nous révèle qu'elle habite à côté. Nous sommes sur le point de partir quand, tout à coup, en quelques secondes, la place est envahie de policiers en civil. Vérifications d'identité. Routine pour eux, panique pour nous. Il faut s'en tirer avec le physique. Nous ne sommes que des enfants, donc innocents. Je jouis d'un gros avantage, j'ai seize ans et on m'en donne douze.

J'avance. Les deux autres me suivent. Je me sens le sourire un peu forcé.

– Pardon, m'sieur, je susurre à un flic qui barre un passage.

– Vas-y, mon petit, répond-il.

Ils cherchent des Juifs et trois petits Juifs leur passent sous le nez. On n'ose pas se regarder. Mais notre joie est communicative. Elle ne dure pas longtemps. A peine a-t-on franchi le barrage français que surgissent les Allemands sous forme de *Feldgendarm* de la Wehrmacht. On les reconnaît facilement. Ils ont sur la poitrine une plaque d'étain, attachée par une chaînette autour du cou, sur laquelle est écrit en gros caractères : FELDGENDARM. Ils sont méthodiques et appliqués. « Pardon, m'sieur », ne marche pas avec eux. Ils vérifient chaque identité sans distinction d'âge. Nous sommes pris en sandwich entre les Français et les vainqueurs.

A main droite, une rue. Elle est déserte. Nous y allons. Surtout se retenir de courir. Ceux qui courent sont toujours suspects. La fille nous rassure. C'est son quartier, elle en connaît tous les tours et les détours. Bientôt, elle nous conduit devant sa maison.

Dans l'escalier qui monte chez elle, je pense : « Demain matin, à l'aube, tu lances ta première grenade. » L'appartement est minuscule. Il n'y a qu'un seul lit.

– C'est pas le moment de faire des chichis, dit

la fille, on va coucher tous les trois dans le même lit. Je ne vois pas d'autre solution au problème. Vous êtes d'accord?

– Oui... ben oui..., dit le copain avec une certaine réticence. On dirait que cela ne l'enchante pas. J'ai l'impression qu'il y a quelque chose entre eux.

– Oui... il n'y a pas d'autre solution, dis-je à mon tour.

Il est certain en tout cas que l'ambiance et les circonstances n'ont rien d'érotique.

On se déshabille dans le noir, très vite. On fait un petit tas de nos affaires et on se couche. Le lit est grand et confortable. La fille est au milieu. Je n'ose pas bouger, j'ai peur de la toucher. Je veux qu'on comprenne que je suis correct. Je me retourne et touche quand même quelque chose. C'est le pied glacé du copain. Il le retire très vite, comme si j'étais contagieux.

Je n'arrive pas à dormir. Je garde les yeux ouverts, les bras raides le long du corps. Je ne pense plus à la grenade ni à l'attentat de demain, et pas non plus que c'est peut-être ma dernière nuit. Je n'ai qu'une seule pensée, une seule : j'ai envie d'uriner, une envie terrible, et je n'ose pas me lever! J'ai peur de déranger. Je reste dans le noir, avec mon envie, à entendre les bruits de la nuit. J'attends que le réveil sonne. Et il ne sonne pas. Je m'endors et dans ma tête tout se mélange, la fille, le copain, la grenade, le pistolet, les *Feldgendarm.* Je rêve que j'ai trouvé les toilettes et qu'enfin je satisfais mon envie.

Le gros Jas sonne enfin. Ils se réveillent. Je ne leur laisse pas le temps de faire les salutations d'usage.

– Où sont les toilettes ?

A cette question angoissée, ils répondent ensemble par un geste rapide. Et j'y cours.

Quand on descend dans la rue, il fait encore nuit. Il ne fait pas froid. On dirait même qu'il y a du printemps dans l'air. Maintenant que je pense à la grenade, j'ai peur. Cela me prend au ventre. Et si elle m'explose à la figure ? J'aurai mal ? Je mourrai sur le coup ? Ou bien je me verrai mourir ? Le temps de ressasser tout ça et nous voilà place Cambronne. J'ai les jambes en coton. Je marche difficilement. J'entends vaguement la répétition des consignes.

– Je te protège avec le pistolet pendant l'action, dit le copain.

– Dès que tu as lancé, dit la fille, je reprends l'arme. Et chacun va se mettre en place.

J'allume la cigarette et, comme je ne fume pas, je tousse. J'ai le vertige. Je serre la grenade à travers le papier journal qui l'enveloppe. Je me dis que je ne dois penser à rien mais je pense quand même à mon frère Philippe et à M. Weinstock.

La place Cambronne est vide. Les *Feldgendarm* et les flics sont allés se coucher. Nous sommes les seuls à être debout dans le quartier.

Je suis devant la grille. Le copain s'écarte avec le pistolet. Il débloque le cran de sécurité. J'entends le petit clic. La fille se tient à quelques pas de lui. Je sors la grenade du papier journal. J'ai l'impression que le papier froissé fait un bruit infernal. Je dois résoudre un problème que je n'ai pas prévu. Je ne peux pas lancer la grenade à travers les losanges de la grille. J'ai une chance sur mille d'y arriver. Une solution : passer la grenade derrière la grille d'une main, en faire autant avec l'autre main tenant la cigarette, enflammer la mèche, lancer le plus loin possible et, avec un peu de chance, atteindre la porte du garage.

Et si un Allemand surgit, mitraillette au poing ? J'arrête de penser. Je passe la grenade de l'autre côté de la grille, je tire un grand coup sur la cigarette, je la passe aussi. J'allume la mèche. Je suis surpris de voir la mèche s'enflammer violemment, en faisant des étincelles.

Je jette la grenade de toutes mes forces, aussi loin que je peux. Elle tombe contre la porte du garage. J'ai réussi. Je me retourne et je fonce.

La fille prend le pistolet et on part chacun de notre côté.

La grenade explose. C'est un bruit, net, propre. Le garage est pulvérisé. Je l'imagine parce que je n'ai pas le temps de me retourner pour le voir. Je cours. Je traverse la place en diagonale. Je croise un facteur à vélo qui commence sa tournée. Il s'éloigne. Je l'entends crier :

– Et ça continue!

II

– IL VAUDRAIT mieux ne plus habiter chez votre mère, nous avait dit Krasucki, à mon frère et à moi. Trouvez-vous quelque chose. Vous habiterez ensemble. C'est un conseil...

Nous l'avons suivi. Nous avons déniché une chambre, au sixième étage d'un immeuble de la rue Henri-Poincaré, pas loin de Pelleport. L'endroit était sinistre. Nous n'avions pas le moral. La première nuit, une armada de punaises nous a dévorés.

– Elles n'ont pas besoin de cartes d'alimentation, elles! ai-je dit le lendemain matin à mon frère.

Rue Henri-Poincaré, une nouvelle vie a commencé. C'est là que je suis devenu un véritable clandestin. Chaque fois qu'on rentrait, il fallait faire attention de ne pas être filés. On avait constamment l'impression d'être suivis. Il suffit que quelqu'un marche derrière vous, quelqu'un qui va seulement acheter son journal ou faire ses courses – mais est-ce que ce quelqu'un va vraiment acheter son journal ou faire ses courses ? Qui peut en être sûr ? Aujourd'hui encore, après toutes ces années, je suis mal à l'aise dès que quelqu'un marche derrière moi.

Ce qu'on craint finit par arriver. Je rentre rue Poincaré. Il devait être midi, environ. Et l'homme, je le remarque tout de suite grâce à une espèce d'instinct presque animal qui m'est venu, il y a quelque temps. L'homme est assez jeune, habillé d'un costume quelconque de petite confection. Il s'applique tellement à être banal, que sa banalité me saute aux yeux. Je suis rassuré par cette évidence et, en même temps, la peur me coupe les jambes. J'essaie de la dominer. Je me sens comme un scaphandrier, les pieds en plomb, ou comme dans les rêves où l'on est tout d'un coup paralysé. Réfléchir. La seule chance que j'ai de m'en tirer est qu'il connaisse mal le quartier. Je marche en affichant un air indifférent. Il marche aussi. On dirait qu'il calque son attitude sur la mienne. Je m'arrête de marcher pour vérifier si je ne suis pas victime de mon imagination. Il s'arrête aussi. Il est devenu comme mon ombre. Je flâne devant les vitrines des boutiques, où d'ailleurs il n'y a rien à voir. Je traverse la rue.

Il traverse la rue, toujours un peu en retrait. J'éprouve, malgré tout, une manière de petit plaisir parce que, depuis quelques minutes, c'est moi qui mène le jeu et le flic ne le sait pas.

Il y a, rue de l'Ermitage, un passage étroit qui se fond littéralement dans les façades d'immeubles. J'y jouais quand j'étais môme. Si je l'atteins et s'il ne le connaît pas, je suis sauvé. J'accélère l'allure et je pique un sprint ! Je prends la rue de l'Ermitage et je m'engouffre dans le passage. Je sais que j'ai réussi ! Il m'a perdu ! Je me laisse tomber sur les marches. Je regarde le ciel, au-dessus des toits. Ce n'est pas encore pour cette fois ! Je sais qu'il y aura une prochaine fois. J'ai envie de pleurer.

J'allais souvent chez ma mère. Je n'aurais pas dû le faire pour des raisons de sécurité mais je ne pouvais pas m'en empêcher. Aujourd'hui je suis heureux d'avoir souvent désobéi aux ordres, ainsi j'ai pu passer des moments avec elle, l'écouter, l'aimer.

Avant d'atteindre la rue de la Mare, je m'arrêtais dans un couloir d'immeuble et j'épinglais en cachette mon étoile jaune. L'étoile jaune était devenue aussi banale que le reste, à Ménilmontant et à Belleville plus qu'ailleurs. Il y en avait tellement. J'épinglais la mienne par peur des dénonciations. Rue de la Mare, tout le monde me connaissait. C'était mon pays. Certains Juifs anciens combattants la portaient sur les médailles de leurs décorations. Parfois les gens nous faisaient des réflexions, généralement amicales.

– Bravo, p'tit gars! m'avait dit un type en me croisant. C'était le genre de vieux militant communiste.

Ma mère me donnait à manger. Comment faisait-elle? Je ne l'ai jamais su. Il y avait toujours quelque chose chez elle. Elle s'inquiétait de nos activités et je la tranquillisais du mieux que je pouvais.

Un soir que j'étais venu la voir, les flics sont arrivés. J'étais assis avec elle dans l'arrière-boutique qui avait une porte vitrée donnant sur une petite cour. Je lève les yeux et je les vois.

– Les flics, maman!

Ils approchent. Je fonce vers la porte qui permet l'accès direct au couloir de l'immeuble. Je grimpe à l'appartement, situé au premier étage. Je m'enferme à double tour. Mon cœur bat la chamade. Je me plaque contre la porte et j'écoute. Je les entends qui montent l'escalier à leur tour. Ils s'arrêtent sur notre palier. Je recule brusquement comme s'ils pouvaient entendre mon cœur de l'autre côté. Ils donnent de grands coups de poing contre la porte. Puis un court silence.

– Ouvrez! Police! Ouvrez ou on enfonce la porte!

Ils se relaient, et maintenant c'est l'autre qui tape. La porte tremble. Ils cessent brusquement leur vacarme. Ils échangent quelques mots mais je n'arrive pas à comprendre ce qu'ils disent. Ils finissent par s'éloigner mais ils ne redescendent pas. Ils montent. J'ai compris. Ils vont chez la concierge qui, bizarrement, est logée au troisième. J'hésite à ouvrir. Pourtant c'est peut-être le moment. Je suis sur le point de le faire quand je les entends redescendre. Ils dépassent notre palier. Je vais à la fenêtre et les vois traverser la cour, vers la rue de la Mare. Ils disparaissent. Je m'habitue lentement à l'idée de leur avoir échappé. Je sors et grimpe chez la concierge.

– Je savais bien que tu étais là, me dit-elle. Fais gaffe, Raymond, c'est toi qu'ils veulent et c'est des teignards, ils vont sûrement revenir.

Cette descente de flics a effrayé ma mère.

« Vous direz à votre fils qu'il a intérêt à se tenir tranquille parce que autrement, ça risque de finir mal pour tout le monde, si vous voyez ce qu'on veut dire », voilà, ce sont leurs paroles, me rapporte ma mère.

Elle gémit doucement puis s'assoit, je m'aperçois qu'elle s'appuie sur ma veste qui était restée tout ce temps-là sur le dossier de la chaise, ma veste avec l'étoile épinglée et mes faux papiers.

Ils n'ont pas lâché prise et m'ont attendu jusqu'au soir, rue de la Mare. Quand enfin j'ai tenté une sortie, ils étaient partis. Ce jour-là j'ai compris que non seulement j'étais juif mais aussi terroriste...

J'ai rencontré Manouchian après l'attentat de la place Cambronne. C'était lui qui avait la charge de notre groupe, entre autres. C'était un homme timide et économe de paroles. Il avait de grands yeux noirs, tendres. Je me sentais bien avec lui. Il parlait toujours sur le même ton et vous donnait l'impression que vous étiez l'être le plus important du monde. Il aurait pu être mon père. En face de lui, sans un mot, on comprenait qu'il avait vécu des choses horribles, douloureuses mais qu'il n'avait jamais capitulé! Une espèce de saint laïque, de prophète. Il aimait l'humanité, Manouchian. Il a été fusillé mais c'est comme s'il n'était jamais mort.

Au cours de rendez-vous qui n'avaient jamais lieu au même endroit, Manouchian donnait ses ordres et expliquait les opérations. Il apportait aussi la paye. Je touchais 2 300 francs par mois.

Ce n'était pas le Pérou. Je ne pouvais rien acheter, c'était à peine suffisant pour manger. J'avais terriblement besoin d'une paire de chaussures. Les chaussures étaient aussi rares que la viande ou le chocolat. J'en ai parlé à Manouchian simplement pour dire quelque chose, pour communiquer. Quelque temps après Manouchian est venu me voir, un sac en papier à la main.

– Tiens! m'a-t-il dit.

J'ai pris le sac et j'ai découvert une paire de chaussures à l'intérieur. Elles étaient superbes, noires, montantes, comme des bottines 1900. Je les ai chaussées immédiatement. Elles n'étaient pas faciles à lacer. Il fallait faire un double nœud mais j'ai pris la main. Je n'ai jamais oublié les chaussures de Manouchian. Il m'arrive d'y repenser, sans raison, comme on repense à un moment heureux.

On n'est pas vraiment clandestin tant qu'on n'a pas un nom de clandestinité! Nous formions un groupe avec deux autres garçons de mon âge. Chacun d'eux avait un nom de clandestinité. Le premier avait choisi « Plombier », qui cadrait parfaitement avec le côté artisan des Yids de Ménilmontant. Il avait dix-sept ans. Il était assez costaud. L'autre se faisait appeler « Roger ». Il avait le même âge que moi, seize ans. Il était plus petit que moi, ce qui veut dire qu'il n'était vraiment pas grand.

– Pivert! C'est comme ça que je veux m'appeler! leur ai-je dit.

Je n'avais jamais vu de pivert et il n'y avait pas d'oiseau dans notre groupe.

Chaque attentat était minutieusement préparé et toujours précédé d'une succession de plusieurs rendez-vous avant l'ultime, celui de l'opération même. Ils avaient immanquablement lieu dans des endroits publics ou dans la rue. Ces rendez-vous n'étaient que des barrières de sécurité, permettant, en cas de nécessité, de surseoir à la dernière minute. Je ne connaissais ni l'adresse ni le nom de celui que je rencontrais. De telle sorte, si je tombais les flics pouvaient me torturer jusqu'à la mort. Je ne savais rien.

J'ai eu peur la première fois que j'ai jeté une grenade, mais pas autant que la seconde. La deuxième fois est arrivée. Plombier et moi avons été désignés. Il me couvrira avec le pistolet. Je jetterai la grenade.

Les grenades sortaient des mains d'un tailleur polonais qui s'appelait Weissberg. Il les fabriquait aussi habilement qu'il coupait ses costumes dans le temps. Avec amour. C'est bien pour ça qu'elles faisaient beaucoup de dégâts quand elles explosaient. Weissberg parlait le français avec cet accent caractéristique des Juifs polonais que j'ai entendu toute ma vie. Il parlait yiddish. Sa famille entière a été exterminée dans les camps, lui a survécu et s'est éteint dernièrement.

Cette deuxième grenade, je devais la lancer dans un wagon de la ligne Invalides-Versailles. Ces wagons, au toit bombé, étaient déjà vieillots à l'époque. Aujourd'hui quelques-uns circulent encore sur cette ligne du R.E.R. Il fallait jeter la grenade avec force afin qu'elle puisse briser une vitre et tomber à l'intérieur du wagon. Des jours et des jours, je me suis demandé si j'aurais cette force-là. Dans la rue, il m'arrivait tout à coup de bondir et de jeter une grenade imaginaire. Je m'exerçais continuellement. Surtout, je sentais un immense besoin d'être rassuré. J'avais envie de parler de cette grenade. A qui pouvais-je en parler? J'étais seul. La nuit précédant l'attentat je n'ai pas pu fermer l'œil. J'ai répété inlassablement le même geste comme si ces répétitions allaient lui donner la puissance nécessaire. Cette nuit-là, j'ai jeté des dizaines de grenades et chaque fois elles explosaient dans ma tête.

Il est environ 10 heures du soir, le 15 février 1943. La grenade et le pistolet nous sont remis aux abords de la station Invalides, en quelques secondes et en silence. C'est celui-là, le dernier rendez-vous, et maintenant surseoir ne peut venir que de nous-mêmes.

Nous descendons, Plombier et moi, l'escalier qui mène au quai. Nous y sommes. Les restrictions d'électricité qui imposent d'allumer une ampoule sur trois rendent l'endroit encore plus sombre. Peu de voyageurs attendent le train. Nous avançons sur le quai. Je regarde furtivement Plombier. Il a l'air d'un petit parigot en goguette. Il me regarde à son tour. Il voit sûrement la même chose. Le train entre en gare. Le voyage sera court, nous descendons à Alma-Marceau, la station suivante.

Les ampoules du wagon sont bleutées afin d'être quasi invisibles, en cas de bombardements. Il y a peu de voyageurs. Ils somnolent pour la plupart. Je m'assois sur un strapontin et je rajuste mon béret. Cela fait sourire Plombier. J'ai la grenade sur les genoux, enveloppée dans un journal. Alma-Marceau, déjà. Il est difficile de déchiffrer le nom de la station. Le train repart. Plombier et moi sommes seuls sur le quai.

L'attente est longue. J'essaie de ne penser à rien, de garder la tête vide. Le prochain train ne va pas tarder à arriver. Sur cette ligne, les trains grincent et brinquebalent de partout. Je vais l'entendre venir. Quelque chose roule et grogne dans le lointain. Le voilà.

Ne pas perdre les pédales. Calme. Je sors le paquet de cigarettes. La grenade sous le bras, je craque une allumette. Elle casse. Vite, une autre. J'allume la cigarette. La première bouffée me fait tousser terriblement, comme place Cambronne. J'ai la tête qui tourne. Ce n'est rien, ça va passer. Ça passe.

La rame entre en gare. Les phares de la motrice sont également bleutés. Elle s'arrête en bout de quai.

Je suis à la bonne place. Le wagon pile devant moi. C'est un wagon réservé aux soldats allemands. Après avoir été collectivement au cinéma à Paris, ils retournent dans leur caserne, à Versailles. Je tire sur ma cigarette. Ce n'est pas le moment qu'elle s'éteigne. A l'intérieur du wagon, les Allemands fument, eux aussi. Ils rient. Ils parlent. Ils discutent, peut-être du film qu'ils viennent de voir. Quelques-uns se tiennent debout, se cramponnent aux barres ou aux porte-bagages. Je les vois très bien et, en même temps, je ne les vois pas.

Le chef de gare est à une vingtaine de mètres de moi. Il porte son sifflet aux lèvres. Je tire une dernière fois sur ma cigarette. Il siffle. J'allume la mèche. Comme place Cambronne, elle s'enflamme tel un feu de Bengale. Les freins se desserrent et le train s'ébranle. Je jette de toutes mes forces la grenade. La vitre vole en éclats. La grenade tombe en plein milieu du wagon, heurtant la tête d'un sous-officier. C'est ma dernière vision. Je pique un cent mètres sur le quai. A côté de moi, le train roule déjà un peu. Je perds mon béret. Un dixième de seconde, je me dis que je l'aime bien mais que je ne vais pas le ramasser. Plombier m'attend en bout du quai, au pied de l'escalier, vers la sortie.

La grenade explose. Un bruit terrible. Un bruit qui m'effraie. Me fait plaisir aussi. Me fait mal aussi. Essoufflé, j'atteins l'escalier. Plombier m'emboîte le pas. Nous croisons un officier allemand affolé.

– *Was ist loss? Was ist loss?* répète-t-il continuellement.

Il doit trouver la réponse seul. J'ai encore le goût de la gauloise dans la bouche. Je suis étonné que ce soit fini. Nous disparaissons dans Paris. Déjà les sirènes des pompiers et des ambulances hurlent au loin, dans la nuit.

Des camarades inconnus assistaient toujours aux attentats pour en rendre compte dans les communiqués clandestins, les tracts ou les affiches. On saura donc que cette grenade a fait beaucoup de morts et quelques blessés.

III

« *A* TOÏBÈRE *hotte guéherte vi a schtoumère hotte dèretsaïlte, aze a blinedère hotte guézen vi a kroumère ize guélof'n...* » Un sourd a entendu un muet lui raconter qu'un aveugle avait vu courir un boiteux..., dit-on en yiddish. Nous, personne ne devait nous voir, ni nous entendre, ni donc avoir quoi que ce soit à raconter.

Les cinémas étaient des planques idéales. J'y ai passé des journées entières. Je sortais d'un cinéma pour aller dans un autre. En première partie, passaient les actualités, sorte de condensé des nouvelles de la semaine qu'on projetait jusqu'au prochain changement de programme, le mercredi suivant. Elles étaient identiques dans tous les cinémas, à quelques variantes près. Elles étaient commentées par un speaker et nous montraient des Allemands serrant longuement la main des collaborateurs, ou encore des défilés de mode dans des maisons de haute couture, ou même l'ouverture des courses à Longchamp, ou bien la progression des valeurs boursières. Elles nous montraient surtout l'armée allemande, sempiternellement victorieuse, mais quelquefois on sentait qu'elle ne l'était pas parce que le commentaire disait que le haut commandement allemand avait organisé une « retraite stratégique ». Parfois, fusant de la salle, un rire courageux ponctuait la phrase. Rire qui pouvait facilement conduire à la Gestapo.

Depuis quelque temps, la police française avait constitué une brigade spéciale pour anéantir notre réseau. C'étaient donc toujours des Français qui nous filaient. Et ils nous tombaient dessus à l'improviste, simplement pour nous gâcher les petits moments de plaisir qu'on arrivait à grappiller, çà et là, comme lors de ce rendez-vous avec Plombier.

Nous nous retrouvons devant l'église Saint-Ambroise. Avant de nous parler nous prenons notre temps. Nous n'avons pas droit à l'erreur. Au bout de longues minutes, nous concluons que la brigade spéciale n'est heureusement pas au rendez-vous.

– Il y a un resto, près d'ici... Ils me connaissent... J't'emmène..., me chuchote Plombier, la bouche en coin.

Je le suis. A cette époque, dans les restaurants, on servait très mal les clients de passage. Mais dès que le patron vous connaissait, il dissimulait adroitement le steak sous la purée de topinambours. Les Allemands, en revanche, mangeaient très bien.

Nous entrons dans le restaurant. Silence d'église. Les clients mangent d'un air concentré et sérieux. La patronne nous place et je sens que les deux gosses que nous sommes l'attendrissent. Après s'être assurée qu'on pouvait se fier à moi, elle marmonne à Plombier :

– Avec un petit supplément, il y a moyen d'avoir une surprise...

Nous nous consultons du regard, et optons pour la surprise.

– C'est le début du mois..., me dit Plombier.

Argument massue. La paye est toute fraîche.

– Pas de raison de se priver surtout que...

Je ne finis pas ma phrase. Plombier a compris. Il sait comme moi que chaque repas peut être le dernier.

L'idée du dernier repas, je l'ai eue présente à l'esprit pendant toute cette période. La patronne, de plus en plus sentimentale, nous sert un festin. La surprise n'est pas encore arrivée quand Plombier se lève.

– Je vais aux toilettes, me souffle-t-il, t'occupe pas, mange...

Je commence à manger tant que c'est chaud. Je ne sais d'ailleurs pas ce que je mange, mais c'est délicieux. Une espèce de ragoût. De quoi ? Mieux vaut ne pas se le demander. Plombier ne revient pas. Une heure se passe. J'essaie d'être naturel. J'ai mangé ma part et la sienne ! Je me lève et vais aux toilettes voir ce qui se passe. Personne. Plus de Plombier.

Et comme notre vie est devenue un jeu de piste continuel, je retrouve Plombier au rendez-vous suivant. Il y a toujours un rendez-vous suivant.

– J'ai dû m'évaporer, j'étais suivi...

Il est calme. Moi aussi. On s'étonne que personne ne m'ait suivi. Est-ce qu'on est sûr que personne n'est là ? La brigade spéciale a filé notre réseau jusqu'à la fin. Ils tissaient patiemment leur toile jusqu'à ce qu'il n'y ait plus moyen d'échapper.

Ils la tissaient autour de Plombier pour l'instant. Une autre fois, nous avons rendez-vous devant un cinéma de la rue Montmartre. Je l'attends. Plombier ne vient pas. Je me perds dans la contemplation des photos du film qu'on expose en vitrine. Je pourrais en énumérer le contenu et les détails. Je parcours la foule du regard. Les passants sont en majorité membres des forces allemandes, marins de la Kriegsmarine, aviateurs de la Luftwaffe, et soldats de la Wehrmacht. Ils parlent fort. Il y a aussi quelques femmes en uniforme, on les appelait les « souris grises ». Je les regarde défiler et je me dis que peut-être, parmi eux, il y en a quelques-uns qui sauteraient dans l'un de nos attentats.

Je regarde à nouveau les photos du cinéma. Plombier arrive enfin. Il me voit immédiatement. Nous regardons les photos ensemble. Je m'approche de lui.

– Je suis filé, parvient-il à me dire.

Je m'éloigne de lui.

Je veux éclaircir la situation, comprendre la tactique. Je m'éloigne davantage. Plombier, lui, reste devant le cinéma. J'observe soigneusement le terrain autour de moi. Où est-il ce flic? Je cherche un homme, mais quelquefois c'était une femme.

Quand on est suiveur, on a beau prendre mille précautions, un détail finit toujours par vous dénoncer comme tel. Je le trouve. Il est devant la station de métro. Il fait mine de regarder le plan mais ses yeux ne lâchent pas Plombier. Je jubile de l'avoir repéré. Mais ce n'est pas fini. Demi-victoire. Leur ruse était de filer à quatre ou cinq. Tactique qui permettait de repasser la filature à un autre s'il y avait un risque de se faire repérer. J'observe à nouveau tout le paysage autour de moi. Je découvre alors l'autre flic, absorbé à lire les titres devant le marchand de journaux. Il a dans le champ de son regard à la fois Plombier et son copain flic. Deux hommes dans le même paysage et si préoccupés d'avoir l'air de regarder tout sauf Plombier, ça sent la filature à plein nez.

Je me trouve une planque dans le coin et je surveille à mon tour. Il y a eu échange de rôles. Je fais quelques pas pour voir si par hasard je n'ai pas moi aussi un suiveur. Rien. Plombier doit élaborer un plan pour s'en sortir. Il abandonne les photos du cinéma et se met à marcher sur les boulevards. Il passe entre deux officiers de la Kriegsmarine, leurs petits poignards se balancent le long de leur cuisse droite. Le premier flic le suit, le deuxième suit le premier qui suit Plombier et moi, je suis tout le monde. Plombier ouvre la marche. Je la ferme. Et j'admire. Plombier passe devant trois gros fantassins qui avancent de front et font écran, il se sert d'eux pour se sauver, il s'engouffre dans un passage commercial. Les grands boulevards sont le paradis des clandestins, ils foisonnent de passages. Le premier flic n'a rien vu, le deuxième non plus. Je suis le seul à avoir vu. Le premier suiveur s'arrête, désemparé, le deuxième le rejoint et moi j'en fais autant, je passe à côté d'eux.

– Je l'ai perdu le petit salaud, dit le premier au deuxième.

J'ai entendu. Plombier a gagné. Je disparais à mon tour.

La brigade spéciale est venue à bout de notre réseau parce qu'il y avait un traître. Il s'appelait Albert. Il a vendu le réseau Manouchian. Les rescapés l'ont eux-mêmes exécuté. J'ai rencontré Albert pour la première fois place de la Nation. Je marchais avec Weissberg, le tailleur fabricant de bombes. Nous débouchions du boulevard Voltaire. Weissberg me donnait des instructions.

Nous arrivons place de la Nation. Weissberg se tourne vers moi.

– Disparais maintenant. J'ai un autre rendez-vous qui ne te concerne pas. Vite!

Sur la place, j'aperçois deux hommes. C'est avec eux que Weissberg doit avoir rendez-vous. J'en connais un. L'autre est Albert. Je suis sur le point de disparaître quand je découvre quelque chose de louche.

– Tes deux types, je crois qu'ils sont suivis, dis-je à voix basse à Weissberg...

– Va les avertir alors, me répond Weissberg.

Je fais demi-tour et parcours toute la place de la Nation. Je finis par arriver devant eux. Je les préviens. Ils disparaissent. Et j'en fais autant.

Albert trahissait déjà...

Je mettais un temps infini pour rentrer chez moi, prenant mille précautions, changeant brusquement d'itinéraire. De cette tactique dépendait notre survie à tous. Quand j'arrivais enfin dans ma chambre et que je verrouillais la porte, rien ne m'assurait que personne ne viendrait m'arrêter. Je me couchais. Je faisais des cauchemars. La grenade m'explosait à la figure. Ou bien j'étais arrêté et on m'interrogeait. Je me réveillais en sursaut et en sueur. Je mettais longtemps à me calmer, à revenir à la normale. Et la normale, qu'est-ce que c'était ? Je me rendais compte qu'on était des condamnés à mort en sursis. Le sursis pouvait prendre fin d'une minute à l'autre.

On m'a confié une autre mission. Les chefs choisissaient la cible en fonction de l'impact qu'aurait sa destruction, tant au point de vue psychologique que militaire. Puis d'autres camarades se chargeaient du repérage. Un long travail d'observation où rien n'était laissé au hasard, afin que nous, les exécutants, soyons exposés le moins possible. S'il s'agissait d'attentat contre des soldats, par exemple, nous savions tout de leurs habitudes, nous connaissions parfaitement leurs itinéraires. Un véritable mécanisme d'horlogerie. Quand les chefs jugeaient qu'on pouvait passer à l'action, les ordres descendaient jusqu'à nous pour exécution. Faire un attentat n'était pas forcément le plus risqué ou le plus dangereux. Nous étions tous solidaires sans nous connaître et, comme des alpinistes en cordée, s'il y en avait un qui décrochait, les autres tombaient avec lui dans le précipice.

Dans la vie on peut être victime de ses propres qualités. Les militaires ne sont pas des gens portés sur la fantaisie. Un ordre, c'est un ordre et on ne le discute pas. Il n'est pas question de l'interpréter. C'était le cas des Allemands. Ils ne changeaient jamais leurs itinéraires. Et cela nous facilitait énormément la tâche.

Le troisième attentat auquel j'ai participé a eu lieu à deux pas de l'École militaire. Weissberg faisait des progrès dans la fabrication de ses engins. Ils n'avaient plus rien à voir avec les premières grenades. C'était devenu de véritables bombes avec une mèche qui brûlait un laps de temps minutieusement préparé.

PIVERT

Un groupe d'Allemands doit emprunter une contre-allée, bordée d'arbres et flanquée de doubles bancs à intervalles réguliers. Ils passent tous les jours à la même heure.

Plombier et moi nous asseyons sur un banc. Dans quelques minutes, le groupe d'Allemands sera là. La consigne est d'allumer la mèche alors même qu'ils ne sont pas en vue. Et si jamais ils ne viennent pas ? J'allume ma cigarette. Comme à chaque fois, elle me donne le tournis. J'allume la mèche et je place la bombe sous le banc en même temps que le détachement allemand débouche dans la contre-allée.

Ils sont au rendez-vous le 9 mars 1943. Ils avancent. C'est le matin. Ils ont rendez-vous avec la mort. Elle les attend et moi, finalement, je n'y suis pour rien. Il y a longtemps que c'est prévu. Nous nous levons et nous quittons la contre-allée d'un pas tranquille pour disparaître dans une rue.

Là-bas, ils ont encore quelques secondes. Je tends l'oreille, le cœur battant. La bombe explose. Une déflagration énorme. Weissberg les a soignés. Tout ça se passe loin dans notre dos. C'est déjà le passé et nous, pas à pas, nous marchons vers l'avenir. On le voudrait sans bombes.

IV

Entre chaque attentat le temps me paraît s'étirer lamentablement en longueur. Au fur et à mesure que je m'implique davantage dans l'action, j'ai le sentiment de ne plus être comme tout le monde – déjà en tant que Juif je ne l'étais plus beaucoup, à cela s'ajoute maintenant la clandestinité. Je ne suis plus comme tout le monde. Je n'ai pas peur. J'ai mille peurs. Je regarde les autres dans la rue et je souhaiterais être comme eux, comme lorsqu'on est malade et que des bien-portants viennent vous voir. Je ne sais pas ce qui me pousse. Le matin je me réveille comme un môme et l'après-midi je suis un homme. Je me raconte aussi des histoires. Je me dis que c'est comme dans un western. Je sais bien que c'est faux. Je ne suis pas un héros. Je suis un petit Yid de Ménilmontant et je me demande ce qui m'arrive mais je ne peux pas faire autrement.

Je me souviendrai toute ma vie de l'attentat du boulevard de Courcelles.

Il est 7 heures 30 du matin. On est le 25 mai 1943. Je suis devant le 13 de la rue Daru. J'aperçois les coupoles de l'église russe. Un détachement de soldats allemands débouchera exactement à cet endroit dans quelques instants. Ils passent tous les jours à la même heure. Nous ne savons pas d'où ils viennent et pas plus où ils vont. L'important, c'est qu'ils soient là à l'heure dite.

Cette fois je ne fais pas équipe avec Plombier mais avec Roger. Il n'a même pas seize ans alors que j'en ai maintenant seize et demi. Roger lancera la grenade. J'assure sa protection avec un pistolet. Nous nous sommes retrouvés une demi-heure auparavant pour nous encourager mutuellement. Des paroles qui vont droit au cœur.

– C'est comme si c'était fait... Ça va marcher comme sur des roulettes.

– Tu crois?

– Sûr et certain...

Roger est trente mètres plus loin. Les Allemands arrivent. Ils marchent au pas. Le talon de leurs bottes martèle le trottoir. Ils approchent de Roger. J'ai la main sur le pistolet. Ils dépassent Roger. Il ne lance pas la grenade. Qu'est-ce qu'il fabrique? Les soldats s'éloignent. Je relâche la pression sur le pistolet et vais vers Roger. On marche côte à côte en direction de l'église russe. Je ne lui demande rien. Il parle le premier.

– J'ai pas pu.

Je suis comme le frère aîné.

– On va prévenir et attendre les instructions.

Il acquiesce. J'ai envie de lui dire quelque chose. Je ne sais pas quoi. Je vois à sa tête qu'il se sent coupable.

– Ça marche pas à tous les coups..., lui ai-je dit.

On se sépare. Il y a à peine un quart d'heure on pensait que ce serait bientôt fait. Le quart d'heure est passé, rien n'est fait. Une nouvelle attente commence.

Tard dans la soirée, nous sommes prévenus que l'attentat est reporté le lendemain à la même heure. Je me couche aussitôt. Je finis par m'endormir. Les coupoles de l'église russe entrent bizarrement dans mon rêve.

Les restrictions d'électricité réduisent la fréquence des rames de métro. Elles passent bondées. Je joue des coudes pour entrer dans le wagon. La marée humaine me happe et me coince le nez contre la vitre de la portière opposée. La rame qui va en sens inverse nous croise à la station suivante. Elle est archibondée. En un éclair je m'imagine dans cette rame qui va partir dans l'autre sens. Cela veut dire que l'attentat a eu lieu, que tout s'est bien passé. Retour à la réalité. Rien n'a eu lieu. Voilà ma station, je descends.

Roger est déjà là. La fille nous remet la grenade et le pistolet. Elle disparaît. Nous nous taisons. Roger me regarde. J'essaie la télépathie.

– Ça va aller.

Il a compris.

Le 26 mai 1943, nous prenons les places de la veille. L'attente commence. Et les voilà. Ils débouchent au même endroit. Le talon de leurs bottes résonne sur le bitume du trottoir. Ils approchent. Je ne regarde que leurs bottes. Je lève les yeux vers Roger. Il est prêt. Je le sens. C'est comme si j'étais dans sa main. Il va lancer, et surgit devant lui un soldat allemand qui n'était pas prévu au programme. C'est réglé comme un ballet, Roger ne jette pas la grenade, le détachement part d'un côté et l'Allemand de l'autre.

Nous voilà seuls et inutiles. Je laisse passer un peu de temps avant de rejoindre Roger. Nous marchons côte à côte. Malgré que nous soyons déçus et encore tendus, nous avons envie de rire. Un fou rire de gosses.

– Elle veut pas nous quitter cette grenade!...

Lors du rendez-vous qui suit, le soir même, nous recevons de nouvelles instructions. Nous jetterons chacun une grenade. Je suis particulièrement chargé d'entraîner Roger. Albert sera posté rue Daru et assurera notre protection. Afin de simplifier l'action et puisque nous serons deux à lancer, nous opérerons avec des grenades à goupille. C'est une grande première. Je n'en ai jamais eu en main. Je sais simplement qu'une fois dégoupillées, elles explosent au bout de cinq secondes. C'est carrément un commando.

Le 27 mai 1943, j'arrive le premier. Qu'est-ce qu'il va se passer? Je me sens mal à l'aise. Je me raconte que tout va bien et je finis par le croire. Roger arrive à son tour, puis Albert. La fille nous remet le pistolet et les deux grenades. Je ne sais pas si elle sait que nous en sommes à la quatrième tentative mais j'ai l'impression qu'elle nous encourage du regard.

Albert prend position au 13 de la rue Daru. Je le vois sur fond de coupoles. Roger et moi, nous nous plaçons au coin du boulevard de Courcelles. C'est une attente crispante. Qu'ils viennent! Vite! Martèlement régulier des bottes. C'est eux. Je les entends avant de les voir. Ils apparaissent, ils seront dans quelques secondes à portée de nos grenades mais, au lieu de tourner comme ils l'ont toujours fait, ils continuent tout droit sur le boulevard. Nous gardons notre sang-froid. Je rejoins rapidement le détachement et je marche à côté des Allemands. Roger m'imite. Je repère la rue Margueritte qui fait coin avec le boulevard de Courcelles. Quand le détachement l'atteint, je crie vers Roger :

– Vas-y! Dégoupille! Tire sur l'anneau.

Je le fais en même temps que je le dis. Roger aussi. Je lance ma grenade. Il lance la sienne. Je me mets à courir. Je cours à une vitesse folle. Je suis étonné de découvrir Roger à côté de moi. L'explosion fait un bruit énorme et terrifiant. Je me retourne un quart de seconde, je vois des soldats projetés en l'air comme des poupées de son, d'autres déjà sur le trottoir. J'entends siffler une balle. Ils nous tirent dessus. Ils sont trois à nous tirer dessus, deux sont un genou au sol, l'autre est debout. Surtout ne pas s'arrêter. Courir. Je crie à Roger de zigzaguer pour éviter les balles. Et puis tout à coup, je suis poussé en avant par une force inouïe à tel point que je crois que je vais tomber. Je pense subitement aux chaussures de Manouchian! Je les ai aux pieds. Il y a sûrement un lacet de défait! Je comprends que les bottines n'ont rien à voir avec ce qui s'est passé. Je viens d'être atteint par une balle. En même temps je n'en suis pas sûr. Je n'ai pas mal. C'est irréel. Je continue à courir. Les Allemands cessent de tirer. Devant moi la rue. Elle est longue et vide. Il faut aller jusqu'au bout de la rue. On y arrive, on quitte le champ de vision des tireurs. Je m'arrête enfin. Je me passe la main dans le dos. C'est mouillé. Je ramène ma main. Elle est ensanglantée et je la regarde comme si ce n'était pas la mienne. Je crois que je vais m'écrouler. Roger s'approche de moi et essaie de me porter. Ça me fait presque sourire parce qu'il est plus petit que moi.

– Faut que je voie un docteur!

Et on se remet à marcher. Il faut remettre nos armes avant de trouver un docteur. Roger et moi avions chacun un pistolet. On se dirige vers une petite rue où devait nous attendre la fille. On y arrive. Elle est là. On va vers elle. Un officier allemand fait soudain irruption en hurlant des ordres. On ne sait pas à qui. J'avance près de la fille, suivi de Roger.

– Je suis blessé, lui dis-je en passant, sans m'arrêter et sans lui donner le pistolet. La fille disparaît.

Roger et moi avançons dans la rue quand apparaissent une nuée de soldats à vélo. Ils foncent droit sur nous, guidés par un gradé qui crie. Je m'arrête. Nous nous plaquons contre le mur.

– On est foutus, Roger!

Je mets la main dans ma poche pour prendre le pistolet. Quitte à me faire descendre, autant en tuer quelques-uns. Je n'arrive pas à sortir le pistolet. Il est coincé. Les Allemands sont maintenant à notre hauteur. Je m'escrime toujours à essayer de sortir l'arme. Les Allemands nous dépassent. Ils nous ont à peine regardés! Si j'étais parvenu à sortir le pistolet, j'aurais tiré et ils nous auraient massacrés. Pourquoi sont-ils passés sans nous inquiéter? Ils recherchaient des terroristes et non pas deux mômes de seize ans. Voilà ce qui nous a sauvés.

Je saigne toujours. La blessure ne se voit pas, dissimulée par ma gabardine. Elle ne se voit pas et moi je me sens groggy.

Nous errons dans le quartier à la recherche d'un docteur. Des quantités de plaques annoncent quantité de professions et il n'y a pas un seul docteur. Si ça continue je vais tourner de l'œil. J'arrête un passant. Il est tout d'abord méfiant mais le mot docteur le rassure bizarrement.

– Un docteur? Un docteur, voyons, je suis du quartier mais je ne suis jamais malade... Un docteur...

Pendant ce temps-là je me tortille d'une jambe sur l'autre. Je sens mon dos humide. Et je crois que le type pourrait voir que c'est du sang. Il se creuse seulement les méninges.

– Un docteur? Non vraiment je ne vois pas...

mais tiens, j'y pense... il y a une clinique près d'ici... Il doit y avoir des docteurs là-dedans... Mais pourquoi vous voulez un docteur ?

Je fais une réponse évasive et nous nous dirigeons vers la clinique.

Une infirmière nous reçoit. Une vraie, coiffe et blouse blanches. Elle est plutôt souriante. Je me sens subitement en confiance. Elle va sûrement me soigner.

– Je suis blessé et je voudrais qu'on me fasse un pansement.

Elle ne sourit plus, comme si on lui faisait une sale blague.

– C'est vrai, je suis blessé !

Roger acquiesce.

– Mais nous on ne fait pas les blessés ! dit-elle finalement. Faut aller aux urgences, à l'hôpital. On n'a pas le droit de faire les blessés, vous comprenez ?

Elle retourne derrière son bureau et prend le téléphone.

– Je vais appelez Police Secours, c'est encore le mieux, vous savez...

Dès que nous entendons le mot « police », on file vers la sortie.

– Merci, madame... c'est pas la peine... Vous dérangez pas !

– Au revoir, madame.

On marche. On marche. Moi, je ne comprends plus très bien ce qui se passe. Roger découvre soudain une plaque de docteur à l'entrée d'un immeuble, boulevard Pereire.

J'ai du mal à grimper les étages. On atteint le palier du docteur. Roger sonne. Une vieille femme nous ouvre. C'est peut-être la mère du docteur. Dans la salle d'attente, il n'y a personne. On attend. Je me sens bien dans le canapé. Je n'ose pas m'appuyer au dossier de peur de le tacher. La porte du cabinet de consultation s'ouvre. Le docteur vient vers nous. Il est jeune, plutôt sympathique, bien peigné. Je lui dis que je suis blessé.

– Blessé ? Comment ça blessé ? demande-t-il, inquiet.

– Ben, blessé par balle, je vais vous montrer.

Le docteur pâlit. Je commence à retirer ma gabardine.

– Non, non, non, crie-t-il presque, ce n'est pas la peine ! gardez-la !

– Vous pouvez me faire quelque chose, un pansement ? je lui demande quand même.

– Non, non, je ne peux pas, je ne peux vraiment pas, je suis désolé, désolé ! Faut me comprendre, je n'ai pas le droit !

Il se penche vers ma gabardine.

– La balle est ressortie. Il y a deux trous.

Cette phrase me rassure mieux que s'il m'avait

soigné. Je ne sais pas pourquoi. Le sentiment qu'il n'y avait plus de corps étranger pour me contaminer.

Nous nous regardons en chiens de faïence. Le docteur croise les doigts, les décroise. Il n'ose pas nous mettre à la porte mais il a peur.

– Et un verre de rhum, vous pouvez me donner un verre de rhum ?

La question l'étonne. Il hésite un long moment. Je dois lui paraître mal élevé. Il sort sans dire un mot puis revient avec la vieille dame. Elle a le verre de rhum à la main.

– Tenez, dit-elle, un peu gênée.

Je vide le verre d'un trait. Ça me brûle.

Ils nous reconduisent à la porte et nous nous retrouvons à nouveau sur le trottoir.

– Qu'est-ce qu'on fait ? demande Roger.

– Toi, tu vas au rendez-vous et tu leur dis que je suis blessé, moi je vais aller chez ma mère.

J'ai la gorge serrée de le voir partir. Je me traîne jusqu'à la station de métro Porte de Champerret. C'est direct jusqu'au Père-Lachaise. Je m'installe. J'essaie de me dire que je n'ai pas trop mal mais les secousses me font souffrir et je me sens vraiment faible. Je mets les mains dans la poche de ma gabardine pour me cramponner et je trouve au fond de la poche droite l'anneau de la grenade. J'ai un moment de panique. Je ne pense qu'à cet anneau. Il me brûle la poche. J'oublie la blessure. De nouveaux voyageurs montent. Je me lève et me faufile insensiblement vers la porte. Je l'entrouvre et jette l'anneau dans le tunnel.

Je frappe à la porte de ma mère. Personne ne répond. Et si on les avait arrêtées ? Je frappe encore. Enfin, j'entends bouger à l'intérieur. Ma mère ouvre et apparaît sur le seuil de la porte. Elle est en peignoir. Elles dormaient encore. Je crois que je vais fondre en larmes. Maintenant je sais que les mots sont inutiles. Il n'y a plus rien à dire.

Ma mère me tire à l'intérieur. Mes sœurs sont encore couchées. J'ouvre ma gabardine, j'écarte ma veste. Je suis tout en sang.

– *Oï! Oï! Veï! Mein naï géboïrenère zin!*

Mon nouveau-né de fils ! me dit-elle en yiddish. Et elle le répète puis elle cesse toute plainte et s'occupe de moi. Elle nettoie les blessures avec les moyens du bord et me couche. Je me sens bien maintenant. Tout peut arriver. Ma mère et mes sœurs parlent à voix basse. J'aime les entendre.

Je ne sais pas combien de temps s'écoule avant que le docteur du réseau ne vienne. Mais il vient. Il est tout jeune lui aussi. Il examine mes blessures. Le premier docteur avait vu juste. J'ai deux trous. Un pour l'entrée, un pour la sortie. Il regarde les deux trous longtemps, en silence.

– La balle est passée à deux millimètres du foie. Elle n'a rien atteint. C'est ce qu'on appelle avoir de la chance.

La chance, c'est peut-être aussi un Nom de Dieu. Je crois que c'était Lui qui était là ce jour-là.

Le docteur désinfecte les deux trous avec de l'alcool. J'ai mal à hurler mais je ne hurle pas. Je me mets simplement à pleurer. Je ne peux plus m'arrêter de pleurer.

J'ai vite retrouvé le plaisir de me laisser cajoler par ma mère mais les camarades du réseau sont venus un soir et m'ont fermement conseillé de retourner chez moi, dans ma petite chambre. J'ai obéi. Il n'y avait pas à discuter. Ils venaient me voir régulièrement et m'apportaient des sucreries. Je faisais consciencieusement le tour de ma chambre mais le pansement du docteur me faisait marcher complètement penché sur le côté...

Les heures et les jours ont passé, et quand j'ai cru que j'étais guéri je me suis aperçu que j'avais une grosse boule sous la peau. Je ne pensais plus qu'à cette boule. Le docteur qui m'avait soigné travaillait à l'hôpital Bégin, au métro Bérault, à

Vincennes. J'y suis allé. Il n'a pas eu l'air surpris de me voir. Il a fait une radio.

– C'est du sang, m'a-t-il dit, vous avez fait une hémorragie interne et le sang s'est coagulé.

– Ça va plus s'en aller ? lui ai-je demandé.

Il s'est mis à rire.

– Mais si ! Mais si ! Faut appliquer de la glace et ça disparaîtra.

Je l'ai fait scrupuleusement et la boule s'est résorbée. J'étais guéri et j'allais passer sous la direction de Manouchian.

V

Les membres du réseau Manouchian étaient des francs-tireurs d'élite et j'en faisais partie. J'avais désormais cet honneur. Je le devais aux initiatives que j'avais prises lors de l'attentat du boulevard de Courcelles. A croire qu'en fin de compte le numéro 13 m'avait porté bonheur...

Les actions futures exigeaient que je sache bien tirer au pistolet. Apprendre à tirer au pistolet, en pleine Occupation, n'est certainement pas ce qu'il y a de plus facile. J'ai tiré pour la première fois dans le bois de Viroflay. Nous avions déniché, Plombier et moi, un endroit isolé où personne ne passait jamais. On pouvait faire tout le boucan qu'on voulait et surtout on ne risquait pas de blesser quelqu'un. Plombier, très professionnel, accrochait un journal à un tronc d'arbre, nous nous reculions de quelques pas et chacun tirait à son tour. J'avais beau me concentrer et viser avec soin je ne mettais pas une balle dans le journal. Rien n'est plus dur que de tirer au pistolet. A moins que ce ne soit à bout portant.

Un soir, Plombier et moi nous rendons à un rendez-vous de routine et on nous confie une action immédiate, celle d'abattre dans la rue un soldat ou un officier allemand le soir même. L'ordre était de lui tirer dans le dos, surtout pas de face. Et nous partons aussitôt à sa recherche.

Ce soir-là, pas un Allemand n'était dans les rues. Nous avons arpenté des kilomètres et des kilomètres de bitume sans rencontrer l'ombre d'un soldat ou d'un officier. Au moment où nous allions abandonner, l'unique Allemand dehors à cette heure-ci surgit comme pour nous faire plaisir. Plombier avait le pistolet, je me tourne donc vers lui pour lui dire de se préparer mais il a disparu! L'Allemand s'éloigne. Je me mets à la recherche de Plombier. Je le croise dans une petite rue où il était parti de son côté voir si un Allemand ne s'était pas égaré par là.

– Je te signale qu'on vient d'en louper un!

Plombier ne me répond rien.

– C'était du gâteau. T'aurais pu l'abattre comme un lapin...

Il ne répond toujours rien. Nous décidons de rentrer chacun chez soi, terrassés par la fatigue. Je pense à cet Allemand qui nous a échappé et je suis triste qu'on ne l'ait pas abattu. Nous étions prêts à nous rattraper sur le chemin du retour mais, jouant encore de malchance, nous n'avons pas croisé un seul Allemand en uniforme.

Ma première action de franc-tireur d'élite dans le réseau Manouchian a été l'attentat de l'avenue Paul-Doumer. Le général Von Schaumberg, commandant le Grand Paris était la cible. Nous étions en été et le général se déplaçait en Mercedes décapotable. Il passait chaque matin au même endroit pour se rendre à son bureau. Se promener en pleine guerre, en pleine Occupation et en plein Paris en voiture décapotable relevait d'une certaine inconscience!

Dans la voiture, ils étaient trois : le général, son aide de camp et le chauffeur. Nous étions quatre, Rayman, Marcel, un Italien et moi.

Marcel était un Juif communiste allemand et avait un accent germanique à couper au couteau. Il entrait dans des colères noires si on lui parlait dans la rue. Il ne répondait pas de peur de se faire repérer. Je n'avais aucune sympathie pour lui et pourtant, comme on le verra plus tard, les circonstances ont voulu que son sale caractère me sauve la vie.

Encore une fois les chefs avaient minutieusement préparé l'opération. Chaque matin, à 9 h 30 précises – ponctualité allemande et militaire –, la voiture décapotée surgissait de la rue Nicolo et tournait dans l'avenue Paul-Doumer.

L'Italien, il s'appelait Fontana, était posté au coin de la rue, un journal à la main. Il devait le lever dès que la voiture serait en vue. Marcel se préparerait alors à lancer la grenade.

La voiture devait d'abord passer devant Rayman, assurant la première défense armée, puis devant moi, la deuxième. Entre-temps, Marcel doublait Rayman et lançait sa grenade dans la voiture. Rayman et moi étions la couverture de Marcel.

C'était le principe mais, on l'a vu, quelquefois l'action ne s'accorde pas avec le principe.

D'abord la peur. Une peur sans nom, chaque fois la même et toujours différente. Et cette attente, à laquelle il est impossible de s'habituer.

Le 22 juillet 1943, j'émerge de la station de métro Muette. Les femmes sont déjà arrivées et nous donnent les armes. En prenant le pistolet, le bois de Viroflay me revient soudain en mémoire. Je l'oublie vite. Avant d'aller se mettre en position, avenue Paul-Doumer, Marcel nous rappelle à voix basse le mécanisme de l'attentat. Paul Doumer ? Qui était-ce ? Je cherche dans mes souvenirs de certificat d'études. Le nom me dit quelque chose. J'ai oublié.

La main sur le pistolet, je suis prêt. Marcel n'est pas loin. Je l'observe et l'envie d'une certaine manière. Il n'a pas besoin de cigarette pour allumer la mèche. Il va jeter une grenade allemande, à manche en bois. Elle ressemble exactement à un pilon de cuisine dont on se sert pour écraser les pommes de terre en purée.

L'attente dure. L'air est doux, c'est la fin du mois de juillet 1943 et il fait un temps magnifique. Mes yeux me font mal tellement je fixe l'Italien et son journal, j'ai une crainte irraisonnée, celle de ne pas voir le journal quand il le lèvera. Un peu de sueur et tout se brouille. Des gens indifférents déambulent, allant vers leurs affaires. Des voitures de l'armée allemande passent. Pas la nôtre. Le général ne viendra plus. Le général commandant le Grand Paris nous a posé un lapin. J'ai la main moite sur la crosse du pistolet. Marcel abandonne sa position et se dirige vers moi. Il m'adresse un signe discret. Rayman et l'Italien font également retraite.

Les femmes nous attendent aux alentours du métro. Elles reprennent les armes sans un mot.

– *Temain,* même heure..., dit laconiquement Marcel.

Personne ne pose de questions.

Le nez collé contre la portière du wagon, je regarde défiler dans le tunnel la publicité Dubonnet à moitié effacée, aux couleurs délavées. DUBO... DUBON... DUBONNET. J'essaie d'oublier que demain la voiture débouchera de la rue Nicolo.

C'est déjà le lendemain. Je me réveille dans notre chambre sinistre. Le jour n'est pas levé. Un petit vent s'engouffre par la lucarne dont le carreau est cassé. Nous parlons toujours de la remplacer mon frère et moi, pestant contre la pluie qui nous tombe dessus et le petit vent frais du matin. Trouver une vitre, du mastic, un escabeau, est toute une histoire. Chaque fois, on abandonne. Je vais me débarbouiller dans le couloir. Le lavabo est noir de crasse. La chasse d'eau des toilettes à la turque fait un bruit de chute du Niagara. Le voisin apparaît. Il est en tricot de peau, serviette autour du cou, casquette sur le côté et mégot aux lèvres.

– Va faire chaud aujourd'hui, me dit-il, c'est sûr. C'est un temps d'avant-guerre... C'est pas comme la nourriture, si vous voyez ce que je veux dire.

Il me parle des topinambours et des rutabagas, puis retire son mégot du coin de ses lèvres, l'embout est noir et humide. Il le tient entre le pouce et l'index et me le montre.

– Je le rallume pas tout de suite... Ça fait durer la ration...

Le rationnement de tabac le préoccupe beaucoup. Je ne l'écoute plus vraiment. Je pense à la voiture du général. Le général qui doit faire sa toilette dans un lavabo d'émail, blanc et impeccable.

La concierge sort de sa loge et m'arrête au passage. Elle a le chignon un peu de côté et me rappelle les concierges de mon enfance qui sortaient furibardes de leur loge quand on tirait les sonnettes avec les copains.

– Dis, il y a des types qui sont venus..., me chuchote-t-elle, en attrapant mon bras.

– Des types? Je prends un air étonné mais je ne demande pas quel genre de types. Elle ne précise pas non plus. Tous les deux nous savons.

– Oui des types, reprend-elle, et qu'est-ce qu'ils m'ont demandé? Devine!

– J'sais pas moi...

J'avance vers la porte. Je dois faire vite. J'ai un long trajet de métro. Paul-Doumer m'attend.

– Figure-toi qu'ils m'ont demandé si par hasard il y avait pas des petits jeunes qui habitaient l'immeuble.

– Ah bon?

– Oui... oui... Alors je leur ai répondu que des

jeunes, il y en avait pas. Rien que des vieux, j'ai dit.

On se regarde. C'est comme si elle me faisait un cadeau.

– Bon... ben... euh...

Quoi répondre ? Je me glisse vers la porte.

– Faut que j'y aille... Au revoir, m'dame.

– Au revoir, p'tit gars.

A nouveau le métro bondé. Je suis propulsé contre deux soldats allemands. Je regarde ailleurs. DUBO... DUBON... DUBONNET.

Le 23 juillet 1943, les filles sont au rendez-vous. Les armes sont dans leurs cabas. Elles les ouvrent. Cela ne prend que quelques secondes. Elles s'évaporent littéralement. Je n'ai plus besoin de réfléchir. Je vais directement prendre ma place avenue Paul-Doumer. Cela me revient. « Ah ! Oui ! C'était un président de la République ! » La peur au ventre encore une fois, avec l'espoir que le général sera au rendez-vous. L'Italien le saura avant moi. Il fait moins chaud qu'hier. Et si la voiture n'était pas décapotée ?

J'ai entendu la voiture avant que l'Italien ne lève son journal. Je sais que c'est elle. Il lève son journal et plonge son nez dedans comme cherchant une rubrique particulière. Le capot de la voiture apparaît puis le reste suit. Une vision d'actualités de la semaine, au cinéma. C'est une superbe Mercedes comme celle de Hitler lui-même, un fanion à croix gammée sur l'aile avant droite et sur l'autre, celui du général. La voiture sort du lavage. Elle est impeccable.

Le chauffeur, très stylé, ralentit pour tourner et prendre l'avenue Paul-Doumer.

Marcel dépasse Rayman, dégoupille, me double, court, lève le bras et jette la grenade dans la voiture. Ça fait un bruit épouvantable, terrifiant, qui me résonne longtemps dans l'oreille. A cela, impossible de s'habituer. La voiture dérape, amorce un tête-à-queue et se met en travers de la rue Nicolo. Fini. Je ne vois rien d'autre. Ne pas marcher trop vite, avoir l'air innocent. Continuer. « Mais non, mais non, je n'ai rien à voir là-dedans... Rien. »

Il y aura par la suite un communiqué clandestin qui relatera l'attentat. « Le grenadier Marcel s'est particulièrement montré courageux. Les francs-tireurs et partisans qui ont agi avec lui sont également dignes d'éloges et comme Marcel sont proposés pour une citation. »

Les femmes reprennent les pistolets aussi rapidement qu'elles nous les avaient donnés. Je descends dans le métro. Je me sens seul, ému et seul. Une solitude qui me prend à la gorge. Sur le quai, j'ai l'impression que tous les gens me regardent.

Çà et là, des voyageurs commentent l'attentat à haute voix. Ils sont violemment contre.

– Honteux!

– Le déshonneur de la France, monsieur!

– Des terroristes, parfaitement! Comment les appeler autrement?

– Des bandits, vous voulez dire! Surtout que les Allemands sont corrects, eux!

– Des lâches!

– Inadmissible! Ça ne peut être que des étrangers!

– Et pour quel résultat?

– Faire fusiller des otages!

– Des innocents!

– Eh bien, moi je te dis que c'est eux qu'on doit attraper et fusiller!

Je voudrais intervenir. Je me retiens difficilement de le faire. Ils ne savent pas que les Allemands fusillent quoi qu'il arrive et que les attentats n'y changent rien.

Mais il y a aussi d'autres commentaires, à voix basse. Peut-être approuvent-ils?

La rame entre en gare. Je monte et je pense qu'il faudra quand même changer le carreau de la lucarne, un jour ou l'autre.

Je n'oublierai jamais Alfonso.

Il avait été capitaine dans l'armée républicaine espagnole. Il haïssait les Allemands qui avaient aidé les franquistes à triompher et à installer leur régime fasciste. Il me racontait ses souvenirs par bribes, pour se libérer. Il avait une voix très grave et transformait tous les *u* en *ou*. Il avait trente ans. Il les a toujours, parce que les Allemands l'ont attrapé et fusillé pas très longtemps après que nous nous sommes rencontrés.

Il fumait comme un charbonnier. Une véritable obsession. Je l'approvisionnais en mégots. Cette chasse aux mégots était devenue une seconde nature. Je marchais le nez par terre et ne voyais plus que mes chaussures. Je n'étais pas le seul à traquer le mégot. J'avais acquis une rapidité de chat qui attrape la souris. Je jubilais quand j'en trouvais des gros. Je les mettais dans une boîte d'allumettes de cuisine et fièrement je donnais ce trésor à Alfonso. Il ouvrait la boîte lentement et, à la vue de son contenu, s'épanouissait dans un grand sourire.

– *Muchas gracias, niño!...*

Le jardin du Luxembourg était une de nos promenades favorites. Là, nous guettions les Allemands, pas pour les tuer mais pour leurs mégots. Ils traversaient le jardin pour se rendre au Sénat qu'ils avaient réquisitionné. Une ribambelle d'officiers élégants défilaient devant nous et jetaient à nos pieds des mégots de riches. C'était du tabac plutôt turc, blond en tout cas. Alfonso s'en accommodait. Il aurait fumé de la paille. Dès que nous avions fait le plein d'une ou deux boîtes à mégots nous allions nous asseoir ailleurs pour les décortiquer. Alfonso m'apprenait à rouler les cigarettes. Je l'imitais sans doute et avalais la fumée comme un grand et tout à coup les arbres du Luxembourg valsaient autour de moi. Alfonso riait et me découvrait ses dents jaunies par la nicotine.

Il fumait, les yeux dans le vague, et il me racontait la guerre d'Espagne. Ses exploits incroyables me fascinaient d'autant plus que je savais qu'il ne mentait pas et qu'il ne se vantait pas non plus. Nos actions, comparées à sa guerre, restaient modestes. Il me racontait avec force détails comment il tuait les sentinelles sénégalaises qui étaient dans l'armée franquiste. Il suffisait de venir par-derrière, à pas de loup, d'entourer le cou de l'homme et de le poignarder. Il n'était ni fanatique ni tueur. Il était pour la liberté et haïssait de toutes ses tripes les fascistes.

Nous étions les seuls à Paris à faire des attentats. Alfonso recrachait sa fumée et me disait à voix basse, fièrement mais sans orgueil :

– *Tou* sais, les gaullistes, ils paieraient cher pour avoir des gens comme nous...

Alfonso aurait fumé la terre entière et moi je l'aurais plutôt dévorée. J'avais toujours faim.

– *Tou* m'attendras à la *staçion Glaçière,* m'avait dit un jour Alfonso. Il habitait sûrement pas très loin. Je l'ai attendu et il est revenu avec un sandwich.

– Tiens, *niño,* mange! m'a-t-il dit en me le donnant.

Ce sandwich était une pure merveille. J'avais oublié qu'il pouvait exister des morceaux de lard pareils. Je me suis précipité sur le sandwich et je l'ai englouti comme un goinfre. Alfonso riait de me voir manger de si bon appétit.

– C'est *oune* bonne maladie, la faim!

Mon organisme avait sans doute oublié ce qu'était le lard, lui aussi, parce que ce sandwich m'a déclenché une violente crise d'urticaire. J'étais couvert de plaques rouges mais je ne regrettais rien.

Alfonso fut chargé d'abattre le major allemand du parc Monceau. Dès qu'Alfonso avait su que ce serait lui qui l'exécuterait, il m'avait glissé à l'oreille :

– Je vais *lé touer* au couteau! sachant bien qu'on ne lui laisserait pas ce plaisir.

J'ai fait partie de ce commando avec Rayman et Marcel. Pas plus que pour les attentats précédents, je n'ai su qui était réellement ce major, sauf qu'il était la cible idéale.

Il avait pour habitude de venir d'un pas tranquille tous les matins à 9 heures s'asseoir dans le parc et lire un livre. Il pénétrait dans le parc par l'entrée de l'avenue Hoche. Il habitait certainement un de ces grands hôtels de cette avenue réquisitionnés par les Allemands.

Rayman, Marcel et moi devions assurer la défense d'Alfonso pendant qu'il abattrait de dos le major dès qu'il aurait franchi l'entrée du parc.

18 août 1943. Le temps est superbe. Il fait même déjà chaud. Je suis à la place que Marcel m'a donnée. Je trompe l'attente en écoutant les oiseaux qui chantent dans le parc. Ils se disputent aussi en faisant beaucoup de vacarme. J'abandonne les oiseaux et cherche des yeux Alfonso. En vain. En revanche je vois le major arriver. Il est tout à fait conforme à la description qui nous a été faite. Il a une démarche plutôt nonchalante pour un militaire. Son uniforme aux épaulettes argentées et en torsade, propre et bien repassé, sort de chez le teinturier. Ses bottes noires de cheval sont cirées. Des miroirs. Il a des décorations au-dessus de l'aigle à la croix gammée qui surplombe la poche gauche de sa veste. Il tient son livre à la main. Il ne va pas avoir le temps

de le lire. Il y a chaque fois un contretemps, mais ce coup-ci tout se déroule comme prévu. Alfonso va apparaître d'une seconde à l'autre et l'exécuter. Je me trompe. Marcel se précipite sur moi et chuchote avec son accent allemand :

– *Fa* lui *tire* d'arrêter! *Fite! Fite!*

Alfonso vient juste d'entrer dans mon champ de vision. Il n'est plus qu'à quelques pas du major. Je fonce vers lui et lui mets la main sur l'épaule au moment précis où la sienne serre le pistolet. Il est prêt à lever le bras.

– Alfonso! Marcel dit d'arrêter!

Alfonso se retourne vers moi. Il est blanc comme un linge. Il était prêt à tuer un homme. Je le vois sur son visage.

– Vous *mé* faites tous chier! me répond-il et il marche vers la sortie.

Le major ne s'est aperçu de rien. Il a continué son chemin vers un banc.

Nous nous retrouvons le long des grilles du parc. Marcel nous montre du regard l'avenue Hoche où une nuée de flics français viennent relever leurs camarades en faction devant les différents hôtels réquisitionnés.

Marcel les avaient heureusement repérés de loin et avec sa présence d'esprit habituelle avait pris l'initiative de surseoir.

– On remet ça *temain* mais on *fa* changer de

tactique. Je *fais fous* expliquer..., nous dit-il, et il nous explique.

Alfonso enfourche sa bicyclette et disparaît. Je fais un bout de chemin à pied pour décompresser. Cette nouvelle nuit d'attente m'angoisse. Je me sens comme une âme en peine.

Je vais chez ma mère, à Ménilmontant.

Comme d'habitude, en arrivant au bas de la rue de la Mare, j'épinglai mon étoile juive. Il arrivait de se faire dénoncer pour ne pas l'avoir portée. Je ne voulais pas que cela retombe sur ma mère et mes sœurs. J'avais beau me répéter que cela m'était expressément défendu de leur rendre visite, je ne pouvais m'en empêcher. J'étais si heureux de les revoir. Ma mère était une véritable « yiddishe mamé ». Retrouver l'ambiance familiale me donnait l'impression d'être à l'abri, me faisait tout oublier. Je redevenais le môme que j'étais.

Je ne racontais rien à ma mère pour qu'elle ne se fasse pas de mauvais sang. Je jouais avec ma petite sœur. On évoquait mon père qui était toujours à Toulouse et qui maintenant avait de faux papiers.

– Il s'appelle Maurice de Berdouna, disait fièrement ma mère. C'est écrit sur les mandats qu'il envoie.

La guerre lui avait fabriqué une particule. Ses

papiers étaient de vrais faux papiers. Maurice de Berdouna existait quelque part mais en ce temps-là les vérifications étaient plus longues, moins précises. J'avais aussi de faux papiers. Je m'appelais Fleury. Ces nouveaux noms nous faisaient rire, malgré nous.

C'était bon de se remettre un peu à parler yiddish. Ma mère me servait à manger. Je prenais ma petite sœur sur les genoux et j'oubliais complètement l'existence du major du parc Monceau, et pourtant j'avais rendez-vous avec lui le lendemain.

19 août 1943. Alfonso arrive à vélo. Il le range pendant que nous prenons position. Comme d'habitude, il faut s'adapter aux circonstances et modifier un peu le programme parce que le major est déjà installé sur son banc, le nez plongé dans son livre. Je le distingue très bien à travers les grilles.

Alfonso est un véritable combattant. Je l'admire. Il marche dans l'allée d'un pas sûr et régulier. Je sais qu'il n'a pas peur. Je sais qu'il est farouchement déterminé. Il arrive maintenant à la hauteur du major assis sur son banc et, presque sans s'arrêter, diminuant son allure, il dirige sur lui son pistolet et tire. Je suis trop loin pour entendre la détonation. Le major s'écroule. Des cris s'élèvent aussitôt.

– A l'assassin!

– Arrêtez-le!

Je ne sais pas d'où proviennent les cris. Je cherche des yeux Alfonso. Je ne le vois plus. On crie toujours.

– Arrêtez-le! Arrêtez-le!

Soudain, à une vingtaine de mètres de moi, et à une dizaine de Rayman, débouche Alfonso à vélo. Il pédale comme un forcené. Un homme se jette sur lui. Alfonso perd l'équilibre, met un pied à terre, se redresse et d'un grand coup de coude frappe son agresseur au visage. L'homme, sous le choc, perd l'équilibre à son tour et manque de tomber. Alfonso est à nouveau en selle et le temps que l'homme revienne à la charge, il est déjà loin. Tout cela en l'espace d'un éclair.

Nous avions rendez-vous après cet attentat derrière le boulevard Mortier, sur ce qu'on appelait à l'époque les « fortifications ». Une espèce de terrain vague, à l'herbe rare où les petits parigots viennent se rouler et où les mémères vont faire pisser Médor. Le boulevard périphérique a tout recouvert.

Je suis heureux. Tout a bien marché malgré le changement de programme de dernière minute. Sur le chemin j'ai trouvé une série de gros mégots pour Alfonso. Il est presque midi quand j'arrive au lieu de rendez-vous.

Marcel, Rayman et Alfonso m'attendent sur le boulevard. Sans un mot nous grimpons sur les fortifs. Je ne sais pas pourquoi mais l'ambiance est à couper au couteau. Nous avons pourtant toutes raisons d'être satisfaits. Le major a été exécuté et nous sommes assis en rond dans l'herbe. Marcel m'attaque avec hargne. Il est furieux.

– T'as pas *vait* ton *trafail!* me hurle-t-il au visage.

Je suis sidéré. Je me demande ce que j'aurais pu faire.

– Non! T'as pas *vait* ton *trafail!* T'aurais *tu direr* sur l'*azaillant d'Alvonso!*

Je ne sais quoi répondre. L'attentat défile à nouveau dans ma tête. Après qu'Alfonso eut tiré, il s'est peut-être passé une demi-minute – même pas. Alfonso s'en est remarquablement sorti. Et de plus, Rayman était plus près d'Alfonso que moi. Si quelqu'un avait dû tirer, c'était bien lui. Je veux répondre mais les mots ne viennent pas. Le souvenir du bois de Viroflay surgit. J'ai envie de crier : « Je sais pas tirer, en plus, merde! Je suis bon qu'à la grenade! »

Je suis submergé par un terrible sentiment d'injustice. Rayman et Alfonso se taisent, quasi indifférents. Et je me mets à pleurer. Voilà ce que je trouve à répondre. Je pleure. Des grands sanglots de môme. Je vois les trois hommes à travers mes larmes. Ils me regardent avec des yeux ronds. Je tourne les talons et dévale la pente des fortifs, en hoquetant.

Il y avait un autre rendez-vous. Je n'y suis pas allé. Personne n'a essayé de me recontacter. La page était tournée. C'était le 19 août 1943.

Le réseau a été démantelé quelques mois plus tard. Marcel m'a sauvé, en quelque sorte. Il ne m'aurait pas engueulé, je serais resté et comme Alfonso, Rayman, Plombier, Roger, mon nom aurait été sur l'Affiche Rouge et j'aurais été fusillé, comme eux.

Marcel est devenu colonel, je crois, dans l'armée de la République démocratique allemande.

Plombier est enterré au cimetière d'Ivry dans le carré des fusillés Francs-Tireurs et Partisans. Sur sa tombe, il y a eu longtemps une croix chrétienne et puis on l'a enlevée et on lui a mis l'étoile de David...

VI

JE N'ÉTAIS plus rien qu'un petit prolo de seize ans qui devait manger et qui ne voulait pas dépendre de sa mère.

En yiddish on dit : *« Biz der fétère verte moguère, gueïtte der moguéraire tsou grounde... »* Avant que le gros ne devienne maigre, le maigre va en terre... Heureusement mes faux papiers étaient toujours valables et me protégeaient au moins des rafles.

J'ai retrouvé du travail chez une Yid, Mme Sakévitch, qui, elle aussi, avait de faux papiers au nom de Mme Foulon. Elle habitait un logement minuscule dans une petite rue de Ménilmontant où elle continuait à faire de la maroquinerie, dans sa cuisine. Le monde s'écroulait, les gens mouraient, étaient arrêtés, et nous deux, pour survivre au milieu de ce chaos, nous faisions de la maroquinerie! Qui achetait ce qu'on faisait? Cela me paraissait fou qu'il y ait des gens pour acheter notre modeste production, et pourtant des revendeurs venaient régulièrement prendre des paquets et tout cela partait vers l'inconnu.

Nous étions coincés, ma machine et moi, entre l'évier et la table, éclairés par une ampoule de 40 watts. En face de moi, Mme Sakévitch n'était pas mieux lotie entre la fenêtre et la table. Nous formions couple, Mme Foulon et son ouvrier le jeune Fleury.

Les deux machines n'étaient pas trop bruyantes. Elles ronronnaient gentiment. Nous cousions sans un mot, toute la journée et même quelquefois la nuit. Le temps passait, le danger demeurait. Le moindre petit bruit, aussitôt suspect, nous figeait, l'œil aux aguets, l'oreille attentive. Ce n'était qu'une cavalcade d'enfants dans l'escalier, ou un envol de pigeons ou des portes qui claquaient. Nous reprenions notre travail et les machines ronronnaient à nouveau. De temps en temps, la main en arrêt sur la navette, je me mettais à penser avec nostalgie aux copains du réseau, surtout à Alfonso et à Manouchian. Et je connaissais cette peur à nouveau.

Nous étions tous les deux en train de coudre quand ils ont frappé. La police a une manière de frapper qui ne laisse aucun doute. Nous les attendions depuis si longtemps. Nous aurions dû être prêts. Nous nous sommes regardés. Nous étions comme pétrifiés. Je me suis levé.

– C'est les flics, madame Sakévitch.

– Ou la Gestapo, dit-elle. Tu vois, quelqu'un nous a dénoncés.

Ils ont frappé à nouveau de toutes leurs forces.

– Ouvrez! Police! Ouvrez!

J'ai interrogé Mme Sakévitch du regard. Elle a acquiescé d'un petit signe et je suis allé ouvrir. Ils étaient deux, comme d'habitude, sans âge vraiment. Ils m'ont poussé contre la porte et sont entrés.

– T'es qui, toi? m'a demandé l'un deux.

– Je m'appelle Fleury.

Je lui ai montré ma carte d'identité mais il n'a pas eu le temps de la regarder attentivement car des cris bizarres nous sont parvenus de la cuisine. Ils se sont avancés jusque-là et je les ai suivis. Mme Sakévitch, simulant la folie, hurlait des mots incompréhensibles et s'est mise soudain à sauter et à danser. Elle avait enfilé son corset par-dessus sa robe. Les deux flics sont demeurés très déroutés.

– Madame Sakévitch! Madame Sakévitch! a dit un flic.

Elle n'a pas répondu et a continué à sauter comme un cabri, à hurler et à danser.

Les deux flics se sont alors concertés du regard,

ont échangé un petit signe et ont brusquement quitté l'appartement.

Mme Sakévitch a continué ses imprécations pendant quelques instants encore puis s'est effondrée sur une chaise. Elle pleurait.

– Ils vont revenir ! Ils vont revenir ! m'a-t-elle dit d'un ton désespéré.

– Oui, ils vont revenir.

Leur réapparition était certaine et nous le savions.

J'avais quitté le réseau depuis trois mois quand la brigade spéciale l'a démantelé et livré aux Allemands. Peu après, à l'issue d'un procès tronqué, l'Affiche Rouge apparaissait sur les murs de Paris. Devant mes yeux s'étalaient les noms de tous mes copains : « Des libérateurs ? disait l'affiche, la libération par l'armée du crime. » Ils désignaient Manouchian comme « Arménien, chef de bande », Alfonso comme « Espagnol rouge » et Rayman comme « Juif polonais ». Comme moi.

Je suis resté longtemps devant cette affiche sans pouvoir m'en détacher. J'oscillais constamment entre la peur et la douleur. N'allaient-ils pas m'arrêter, moi aussi ? Cette peur a duré des semaines et des semaines. J'inventais des itinéraires invraisemblables pour retourner dans ma chambre, aller travailler ou encore acheter la moindre chose. A peine atteignais-je une porte que je m'attendais qu'une main vienne me frapper sur l'épaule.

– Suis-nous!... Déjà, j'entendais l'ordre.

Le réseau a été vendu par Albert Davidovitch. Les rescapés du coup de filet l'ont coincé et l'ont, paraît-il, étranglé. Il y a eu d'autres traîtres. Peu de temps après mon entrée dans le réseau j'avais été chargé d'une filature, celle de la petite amie de Rayman, Lucienne Goldfarb, dite la Rouquine. Rayman habitait entre la place de la Nation et le boulevard Voltaire, rue des Immeubles-Industriels. Je ne connaissais pas la fille et je n'en avais jamais parlé avec Rayman.

– C'est une rouquine assez jeune, pas très grande et elle a les jambes un peu tordues..., m'avait-on dit.

J'ai surveillé l'immeuble de Rayman pendant deux jours sans aucun résultat.

– On a découvert qu'elle habitait Puteaux, m'a-t-on informé plus tard, voilà son adresse, vas-y et si tu la vois, ne la lâche pas.

J'étais devant l'adresse indiquée depuis une heure à peine quand j'ai vu sortir une jeune femme rouquine, les jambes un peu tordues. Je l'ai suivie. Et si ce n'était pas elle ? Après tout, il y a pas mal de rouquines avec des jambes un peu tordues. Mais je savais que c'était elle.

Je la suivais sans parvenir à m'ôter de l'esprit que, d'habitude, c'était plutôt moi qui était suivi. Cela me mettait mal à l'aise. Elle marchait vite. J'avais les yeux constamment fixés sur ses jambes. Elle est montée dans un autobus plein à craquer. J'en ai fait autant. J'ai manqué vingt fois de la perdre mais je finissais toujours par la repérer. Je souhaitais de tout mon cœur qu'elle ne me conduise pas chez les Allemands, qu'elle aille chez Rayman ou chez une copine innocente.

Elle s'est engouffrée dans le métro. Brusquement elle est descendue à Concorde. Elle m'a conduit directement au ministère de la Marine qui était devenu le siège de la Kriegsmarine et où certainement se cachait un bureau de la Gestapo. Et elle y est entrée. Cette femme était une amie d'enfance de Rayman. Elle l'a dénoncé. Cette dénonciation a dû être une des premières.

Quel miracle ou quel hasard m'a fait passer à travers cette arrestation ? Je ne sais pas. Peut-être les copains avaient-ils eu le temps de brûler tous les papiers.

J'ai réchappé à cela, mais pas au plus terrible.

Ils ont arrêté ma mère et mes deux sœurs qui n'étaient pas « terroristes » mais seulement juives.

Cela faisait quelques jours que je n'étais pas venu les embrasser. Il n'y avait personne en bas. J'ai couru au premier. L'appartement était vide. Je suis monté chez la concierge et j'ai croisé dans l'escalier une voisine que nous aimions bien. Il lui était arrivé souvent de cacher des Juifs venus se réfugier chez elle, le temps d'une rafle. Elle ne leur avait jamais fermé la porte au nez et pourtant elle risquait sa vie. Elle avait du cœur et du courage. Elle m'a laissé passer sans un mot. J'ai frappé chez la concierge. Je n'ai pas eu besoin de la questionner.

– Elles ont été arrêtées, il y a deux jours, m'a-t-elle dit.

Ils avaient dû leur tomber dessus au petit jour, sans prévenir, comme on faisait pour les condamnés à mort et comme on avait toujours pensé que cela arriverait.

Que faire ? Qui voir ? Mon frère et moi, à force d'aller d'un bureau à l'autre, en oubliant que nous courions également le risque de nous faire arrêter, avons fini par savoir qu'elles étaient au camp de Drancy.

Drancy était le camp de triage avant le départ vers la mort. Nous ne savions pas encore que c'était vers la mort. Nous nous sommes dit qu'il fallait absolument essayer de les faire sortir de Drancy. Certains y étaient parvenus. Pourquoi pas nous?

Nous nous sommes souvenus d'une cousine de ma mère. Elle avait un magasin boulevard Magenta. Il était resté ouvert malgré toutes les lois raciales, ce qui était très suspect et ce dont précisément nous avions besoin. Nous étions tout à coup pleins d'espoir. A croire que, sur le chemin du magasin de cette cousine, nous étions déjà sur celui de la libération des êtres qui nous étaient chers.

Il a suffi de passer le seuil de la porte pour nous rendre compte que nous étions à la bonne adresse. Nous la connaissions à peine, cette cousine, mais cela n'avait pas l'air de la déranger. Elle nous a fait passer dans l'arrière-boutique et nous lui avons raconté. Elle nous a écoutés attentivement. Elle a proféré quelques généralités sur les temps que nous vivions puis elle a compati.

– Je peux peut-être vous aider, nous-a-t-elle dit enfin.

Elle nous a fait ensuite comprendre que son mari avait ses entrées à la Gestapo.

– Je crois que ça peut s'arranger mais pour ça, il faut de l'argent. Pas mal d'argent... Il y a beaucoup de monde à arroser...

Ni mon frère ni moi n'osions demander de

combien d'argent il s'agissait et quand elle a annoncé la somme, elle nous a paru colossale, inimaginable.

– Mais comment réunir une pareille somme? nous sommes-nous écriés.

Elle a eu l'air désolé.

– Sans argent, on ne peut rien faire. Je regrette, nous dit-elle d'un air contrit.

Nous nous sommes retrouvés sur le trottoir, impuissants et désespérés. Nous étions au début de l'année 1944. Ma mère et mes deux sœurs ont été déportées à Auschwitz, dans les jours qui ont suivi. Le mari de la cousine a été fusillé après la guerre et la cousine a continué à prospérer.

J'écoutais Radio-Londres tous les jours. La déroute allemande commençait et laissait prévoir, même avec un minimum d'optimisme, que tout cela allait finir. La famille Kojitsky serait bientôt réunie. Cette pensée me soutenait, accroché à ma machine dans la cuisine de Mme Sakévitch où je continuais à gagner ma vie. Ce n'était pas le moment de flancher. Je gagnais de quoi manger, donc de quoi survivre pour le meilleur qui était en route.

Un matin, j'allais travailler quand j'ai croisé dans l'escalier le fils de Mme Sakévitch.

– Ne monte pas! me dit-il, il y a la Gestapo!

Ils frappaient comme des fous à la porte en criant :

– Madame Sakévitch! Madame Sakévitch! Gestapo! Ouvrez!

Mme Sakévitch hurlait derrière la porte.

– Il n'y a pas de Mme Sakévitch ici... Moi je suis Mme Foulon! Foulon, je vous dis!

Elle a fini par ouvrir. Ils se sont jetés sur elle et l'ont emmenée.

– Je suis Mme Foulon! je vous dis! continuait-elle à hurler.

Elle s'est débattue de plus belle et leur a montré sa carte d'identité.

– Regardez! Mme Foulon! Regardez!

Elle luttait tellement qu'ils ont eu certainement des doutes puisqu'ils ont renoncé à l'emmener.

Je me suis enfui. Mme Sakévitch en a fait autant. La maroquinerie en cuisine était terminée. Il fallait tenir à tout prix. Les Américains avaient débarqué en Normandie, les Russes étaient déjà en Allemagne et moi je ne pouvais plus rester à Paris.

Je suis allé retrouver ma tante. Elle s'était réfugiée dans un petit village de la Sarthe, à une trentaine de kilomètres du Mans. C'était une sœur de ma mère et elle lui ressemblait beaucoup. J'en éprouvais du plaisir mais aussi beaucoup de peine.

Les bruits de la guerre parvenaient jusqu'à nous. Les avions à réaction sifflaient au-dessus des toits du village. Les Allemands résistaient. J'espérais qu'il en mourrait un grand nombre avant la défaite finale.

La nouvelle a fait le tour du village comme une traînée de poudre : les Américains étaient au Mans ! Aussitôt des drapeaux tricolores sont apparus aux fenêtres des maisons. La fanfare municipale a joué *La Marseillaise.* Des jeunes gens sont arrivés avec des brassards F.F.I. (Forces françaises de l'intérieur). Ils sont entrés dans la mairie et ont jeté par la fenêtre la photographie du maréchal Pétain. Les villageois se sont mis à danser et à chanter. J'étais heureux. J'étais content aussi que les Américains soient au Mans, mais l'important pour moi était ce qui se passait à Paris, et surtout à Ménilmontant.

La radio a annoncé que la préfecture de police de Paris s'était soulevée tandis que les Américains et les forces de la France Libre avançaient conjointement vers Paris. Je n'ai pas pu m'empêcher de penser que les flics qui avaient pourchassé et arrêté les Juifs, français ou étrangers, les résistants, et aidé des Allemands, s'étaient soudain sentis la veste un peu voyante. Ils la retournaient.

Paris s'est libéré et le général Leclerc y a fait son entrée.

– Il faut que je retourne à Paris! ai-je dit à ma tante, ils vont revenir maintenant! Papa, maman, Philippe, Yvonne et Lucienne! Il faut que je sois là!

Nous n'avions plus beaucoup d'argent.

– Laisse-moi faire! m'a répondu ma tante.

Ma tante avait le *« rochmé »*, la sagesse, l'intelligence comme on dit en yiddish.

– Là-bas, au Mans, au milieu de tous ces Américains, il doit bien y avoir des Yids, non?

Et elle est partie pour les découvrir, animée d'une énergie incroyable. Pour arriver au Mans, elle a utilisé tous les moyens de transport. Elle a d'abord marché, puis elle s'est dégoté une charrette et elle a enfin trouvé un autocar à gazogène qui l'a conduite devant la caserne principale du Mans où stationnaient le gros des Américains. Elle ne parlait pas un mot d'anglais. Le yiddish lui est venu en aide. Elle a tapé sans peur sur l'épaule d'un M.P. (Military Police) qui montait la garde devant les grilles de la caserne.

– *Ich will zen dem Rebb'm...* Je veux voir le rabbin.

Le M.P. était peut-être de Brooklyn et ses parents venaient peut-être de Pologne ou d'Ukraine, peut-être avait-il des copains juifs, peut-être avait-il du cœur pour comprendre. Il a conduit ma tante directement chez le rabbin. En tout cas, ce qu'il y a de sûr, c'est que le rabbin, lui, parlait yiddish. Et ils se sont compris.

J'ai cru que ma tante ne reviendrait jamais. Je l'attendais devant la porte de la maison, courant au bout de la rue au moindre bruit de voiture. Cette soirée a été une longue soirée d'été. Et tout à coup une Jeep est arrivée. Je n'avais jamais vu de Jeep de ma vie. Et plus étonnant encore, ma tante était dedans, assise à côté d'un Américain jovial qui était le rabbin.

Il est descendu d'un bond, m'a serré la main, tapé sur l'épaule, pris dans ses bras. Il était immense, et je disparaissais dans sa chemise kaki.

– *Vos marchstou?* Comment ça va? m'a-t-il demandé en yiddish.

– *Nicht Kosher!* ai-je répondu. Pas mal...

Et effectivement j'allais bien. Les habitants du village qui, comme moi, n'avaient jamais vu de Jeep se sont agglutinés autour de nous. Le rabbin est devenu le roi du village. Aussi voulait-il leur faire plaisir. Il leur a distribué une montagne de cigarettes, chocolat, chewing-gums, bonbons. On aurait dit que tout cela tombait du ciel.

Les gens ont emporté leurs trésors et nous nous sommes retrouvés seuls. Nous avons parlé. Nous avons raconté. Il nous écoutait et il avait l'air de savoir des choses que nous ne savions pas. Il nous écoutait ému, indigné, vraiment compatissant. Quand il a su que des enfants juifs étaient cachés dans les environs, il a aussitôt voulu les rencontrer.

Nous avons à peine eu le temps de réaliser que nous étions embarqués dans la Jeep à la rencontre des enfants. Ma tante connaissait quelques cachettes et celles qu'elle ignorait, les enfants eux-mêmes nous les indiquaient. Nous roulions sur les petites routes. Il y avait encore des vaches dans les prés. La Jeep semblait s'engouffrer dans l'air chaud.

L'arrivée de la Jeep était chaque fois une fête. Elle déliait toutes les langues. On aurait dit que tous ces gens qui s'étaient tus si longtemps retrouvaient la parole et parlaient à n'en plus finir. J'écoutais comme si je retrouvais ma famille. Les enfants regardaient avec des yeux ronds ce grand Américain qui n'avait pas du tout l'allure des rabbins qu'ils avaient connus.

Le rabbin félicitait les gens qui avaient caché les enfants et faisait la distribution de sucreries, à croire que la Jeep les fabriquait. Je ne comprenais pas plus que les autres ce qui se passait. Je faisais un beau rêve et j'allais certainement me réveiller. Le rabbin répondait à tous, mélangeant l'anglais, le yiddish, un peu de français sans vergogne, avec générosité. Je sentais chez ma tante et chez moi une envie de pleurer.

Quelques jours après cette grande fête, les miracles ont continué. Le rabbin américain nous a conduits au Mans et nous a laissés devant les grilles de la mairie.

– *Zol zein mit Maz'l!* Bonne chance, nous a-t-il dit. Il a agité ses grands bras avant de redémarrer. De loin, il nous a fait encore quelques signes puis il a disparu à jamais.

La Jeep a certainement dû impressionner le personnel municipal parce que les portes de la mairie se sont ouvertes.

– Attends-moi là, Raymond, m'a dit ma tante.

Elle s'est faufilée dans la cour de la mairie et a disparu parmi les jeunes gens qui portaient, là aussi, des brassards tricolores F.F.I. Les gendarmes, au milieu de tous ces civils en armes, faisaient déplacés.

Au bout d'une heure, ma tante est revenue, le sourire aux lèvres, vraiment contente d'elle-même.

– Ça y est, Raymond, on est tous les deux des réfugiés!

Elle m'a conduit fièrement dans une pièce que la municipalité mettait à notre disposition en attendant que nous soyons rapatriés. Nous n'avions aucune idée du temps que tout cela allait prendre.

Nous sommes allés à la gare. Les trains ne roulaient pas encore et personne ne savait quand leur circulation reprendrait. Des entreprises privées organisaient des voyages vers Paris avec des moyens de fortune, donc la plupart du temps en camion. Et ce n'était pas gratuit. Il restait encore à ma tante quelques billets de banque.

– Tiens, Raymond, prends-les!

– Non, je veux pas! Garde-les! Je vais me débrouiller! Il doit bien y avoir moyen de rentrer en auto-stop! T'inquiète pas! On se retrouvera à Paris.

Et je me suis mis à la recherche d'un camion américain. J'ai sillonné Le Mans en long et en large. Il régnait dans la ville une drôle d'ambiance. C'était la fête mais pas pour tout le monde. Des filles, tondues comme des boules de billard parce qu'elles avaient couché avec des Allemands, passaient, encadrées de gens qui leur criaient des injures. Des portes s'ouvraient brusquement et un homme échevelé apparaissait sur le seuil, entre deux hommes armés et portant brassard. Le moment de l'addition était arrivé. Il fallait payer.

J'ai découvert que nous étions une multitude à

faire de l'auto-stop et malheureusement les camions américains remontant vers Paris ne s'arrêtaient pas. J'ai découvert aussi que la Military Police, aidée des gendarmes français, stoppait les convois à certains carrefours. On pouvait alors essayer de les prendre d'assaut. J'en ai repéré un et, après avoir pris mon élan, j'ai sauté dedans. A peine l'avais-je fait qu'il a redémarré.

Adieu Le Mans.

Nous étions quelques-uns sous la bâche, au milieu des cartons, à regarder défiler la route. Quelquefois, apparaissaient des gens agitant des drapeaux. Ils disparaissaient aussitôt comme abandonnés sur la route. Nous traversions des villages où flottaient aussi des drapeaux. Les gens, au passage, criaient des gentillesses qu'on finissait par prendre pour nous-mêmes.

Sous cette bâche, il faisait une chaleur d'enfer. Je crevais de soif. Notre camion s'est arrêté brusquement. Un officier américain est venu à l'arrière et nous a fait descendre avec gentillesse, nous expliquant dans un français approximatif que, pour nous, c'était le terminus. Le camion n'allait pas à Paris mais bifurquait vers l'est.

J'en ai profité pour me désaltérer à une fontaine, dans la rue. Je me suis aspergé. Une borne indiquait que Paris était à cinquante kilomètres.

Pendant des heures, j'ai fait signe aux camions. Aucun ne s'arrêtait. Ils soulevaient, en passant, un nuage de poussière blanche qu'ils nous laissaient en souvenir.

– On n'y arrivera jamais! me dit un jeune type qui était venu se mettre à côté de moi.

Je n'ai rien répondu. Je n'avais pas envie de faire la causette. J'ai remarqué, près d'une maison, un officier américain. Je suis allé vers lui. Le jeune type m'a suivi. J'ai abordé l'officier.

– Vous parlez français? lui ai-je demandé.

– Un *potit peu...*

– Yiddish?

– *No,* pas yiddish...

Je voulais absolument le convaincre de faire quelque chose pour moi. Je me creusais la cervelle et j'ai trouvé un demi-mensonge.

– Je suis F.F.I.!

Après tout, j'avais été franc-tireur et partisan d'élite. Ça valait bien un peu de stop.

– F.F.I.? dit l'Américain.

– Oui... Résistance! Résistant!

Le jeune type qui me collait aux talons a surenchéri.

– Oui, oui, on est F.F.I...

Je me suis lancé dans une espèce de langage petit nègre essayant de lui faire comprendre que nous devions aller immédiatement à Paris, que c'était les ordres, qu'il fallait qu'il arrête un camion !

L'officier américain est allé se planter au milieu de la route et a fait signe au premier camion qui passait de se ranger sur le bas-côté. Il était conduit par un Noir immense. L'officier a parlementé avec lui quelques instants. Le soldat noir a éclaté de rire et nous a montré l'arrière du camion. Il transportait des jerrycans d'essence. Il n'y avait pas de bâche et rien pour s'accrocher, la seule solution était de se coucher à plat sur les bidons et de suivre leur rythme.

Le rythme était mouvementé, et j'ai eu très mal à ma blessure. L'odeur était insupportable, je me suis demandé si je n'allais pas mourir sur ce camion américain après avoir échappé à tout le reste.

La nuit est tombée et nous sommes entrés dans Paris. J'ai eu le sentiment de ne l'avoir jamais quitté. Le chauffeur nous a laissés à une station de métro après avoir ri une dernière fois. Il restait encore quelques pancartes allemandes à moitié arrachées ou bien consumées. Sur les immeubles des traces de balles rappelaient les combats de la Libération. Des Allemands prisonniers passaient entre des soldats réguliers. Je me suis réjoui de les voir en haillons, et surtout ayant enfin perdu leur air de supériorité.

Le cœur battant, j'ai foncé à Ménilmontant.

J'ai remonté la rue de la Mare, espérant que là-haut, chez nous, une espèce de miracle ferait qu'on serait tous enfin réunis. Des gens prenaient encore le frais sur le pas des portes. Je suis arrivé devant la porte de notre remise. Elle était fermée. J'ai grimpé les étages qui conduisaient à l'appartement et j'ai frappé à la porte. Elle s'est ouverte brusquement.

– Raymond! C'était Jacques, mon frère, le cadet. Raymond! Je t'ai cherché partout! Que je suis content! Que je suis content!

Nous sommes restés un long moment dans les bras l'un de l'autre sur le pas de la porte, sans rien dire. Il m'a pris par le cou et je suis entré. L'appartement était vide. Les Allemands avaient embarqué tous les meubles.

– Quand je suis revenu, m'a dit mon frère, il y avait des gens dans l'appartement. Ils se l'étaient approprié, croyant sans doute qu'on ne reviendrait plus jamais, j'ai cru comprendre ça à la tête qu'ils faisaient. J'ai dévalé l'escalier, écœuré, et puis je me suis dit qu'il n'y avait aucune raison de se laisser faire. J'ai été chercher un copain, on est montés tous les deux, revolver au poing. Quand ils ont ouvert la porte je leur ai dit : « Allez! Ouste! Dehors et vite! » Voilà, c'est comme ça que j'ai récupéré l'appartement.

PIVERT

La vie quotidienne a repris lentement son cours. Les trains ne roulaient pas encore. Ce n'est que deux mois plus tard que mon père est revenu de Toulouse. Nous avons alors commencé les démarches pour connaître le sort de ma mère, de mes sœurs, de mon frère, de ma grand-mère, de ma tante, de mon oncle, de mon cousin, de tous les nôtres. Nous avons tout appris à la capitulation de l'Allemagne en 1945 et à la libération des camps. Depuis, rien n'est plus pareil.

Les premiers temps, l'espoir qu'ils reviendraient nous aidait à vivre.

Mon père s'est remis à la brocante et moi je suis retourné dans l'atelier de M. Weinstock dont la fille et le gendre avaient repris l'affaire. M. Weinstock et sa femme ne sont jamais revenus. J'étais ouvrier à la table. J'ai fait des portefeuilles jusqu'à ce que je reçoive ma feuille pour partir au service militaire.

Ils m'avaient appelé par erreur, parce qu'en tant que fils de déporté et ancien résistant je ne devais pas faire de service militaire. L'administration, avant, après la guerre ou pendant, c'est toujours la même. J'ai donc été affecté à Lunéville dans les spahis. Deuxième spahi, Raymond

Kojitsky. J'ai montré ma blessure au médecin militaire lors de la visite d'incorporation afin qu'il constate que j'avais été effectivement blessé pendant la guerre.

– Mais moi je ne peux rien constater du tout, m'a-t-il dit, il faudrait que vous vous adressiez au médecin qui vous a soigné pendant la guerre.

– Mais où est-ce que je vais le retrouver ce médecin, moi ? me suis-je écrié.

– Ça, ce n'est pas mon problème !

Je suis allé ensuite dans les bureaux du colonel.

– Regardez, ai-je dit en montrant les papiers que j'avais, regardez ! Est-ce qu'on raconte des histoires à propos de choses pareilles ! Hein ? Sur la déportation de sa mère, de ses sœurs, de son frère ? Hein ? Est-ce qu'on a le cœur de raconter des histoires ? Hein ?

Les soldats, appelés comme moi, qui travaillaient dans ce bureau étaient de braves types. L'un d'entre eux a pris mes papiers.

– Assieds-toi, Raymond Kojitsky, et t'inquiète pas, on va aller flanquer ta feuille de démobilisation sous le nez d'un capitaine qui va la signer sans même la regarder. C'est dans la poche.

Quelques minutes après, j'étais démobilisé et je suis retourné à Ménilmontant travailler, mais je n'ai pas retrouvé ma place, elle était prise.

Mon frère Jacques et moi avons essayé de nous recycler dans la brocante. Nous nous sommes acheté une Citroën décapotable. En mémoire de notre frère, nous avons choisi PHILIPPE FRÈRES, comme raison sociale. Nous l'avons peint sur deux grands panneaux que nous avons accrochés aux deux flancs de la voiture. Nous n'étions pas faits pour la brocante et malgré nos efforts nous ne sommes arrivés à rien.

Après quelque temps, mon père est retourné à la cellule du Parti. J'en ai fait autant. Quelquefois, le dimanche, je vendais *L'Humanité* dans la rue. Mais le cœur n'y était plus.

Lors des réunions de cellule, il n'y avait aucune discussion possible. Si par malheur quelqu'un prononçait une parole critique à l'encontre de Staline et de son pacte germano-soviétique, il était aussitôt qualifié de traître déviationniste. Les formules toutes faites qu'ils utilisaient n'avaient rien à voir avec la réalité ou avec ce que nous avions vécu.

Dans cette cellule, ils faisaient des vins d'honneur pour un oui ou pour un non, aussi j'ai longtemps cru qu'un jour ils en feraient en l'honneur des F.T.P.-M.O.I. Ils ne l'ont jamais proposé, comme si personne n'avait entendu parler de ces gens qui étaient morts ou qui avaient risqué leur vie pour la France et le Parti, comme si nous n'avions jamais existé. Cela n'avait rien à voir avec la fierté ou l'héroïsme. Je ne me suis jamais senti un héros ou quoi que ce soit de ce genre. Je n'ai fait que ce que je devais faire finalement. La seule allusion au passé, un jour, est venue de Krasucki.

– C'est un camarade qui était avec moi, aux F.T.P., a-t-il dit en me montrant du doigt. Krasucki revenait à peine d'Auschwitz.

Enfin, un dimanche matin, Madeleine Marzin qui était conseillère municipale a assisté à une réunion de la cellule. Mon père est intervenu sûrement comme il ne fallait pas, car la camarade Marzin s'est emportée.

– Tu n'es qu'un titiste, un déviationniste, a-t-elle dit à mon père.

Il y a eu un silence. Mon père s'est levé, je l'ai suivi. Nous sommes sortis et ne sommes jamais revenus.

Épilogue

En 1945, l'hôtel Lutétia avait été transformé en Centre d'accueil des déportés. Mon père, mon frère et moi n'y sommes jamais allés accueillir ma mère et mes deux sœurs. Il a fallu vivre avec ça dans le cœur.

Le môme que j'étais pendant la guerre est devenu un homme. Pourtant, il n'y a pas de différence entre lui et moi puisque, quand je pense à tout ce que j'ai fait pendant cette période, s'il fallait le refaire, je le referais.

J'ai débuté dans la maroquinerie et j'ai fini dans la maroquinerie. J'ai entreposé des machines dans la remise de mon père et elles ont de nouveau ronronné. Il n'y a pas plus inhumain comme travail.

Comme tout le monde, je suis passé du cuir au plastique. J'ai connu de longs mois sans travail au bout desquels il n'y avait pas d'argent. Vodka, un vieux copain, m'a sorti de là. Il m'a appris à faire les blousons et les vestes. J'en ai fait des milliers pour lui dans la remise de mon père. Les machines sont encore dans la remise, inutiles...

Je me suis marié avec la sœur d'un copain. Elle avait perdu elle aussi ses parents dans les camps. Nous avons eu une fille. Nous l'avons élevée en travaillant tous les deux. Elle est devenue médecin. Elle s'est mariée avec un médecin. Nous sommes donc très bien soignés. Ils ont deux beaux enfants. Je suis leur *zaïdé,* comme on dit en yiddish. Je vais les attendre à la sortie de l'école et me délecte à m'occuper d'eux. Au cours de nos promenades, il m'arrive parfois de passer devant des endroits où j'ai connu la peur. Ce temps-là me revient alors en mémoire. Il est toujours présent et surgit à l'improviste, comme cette fois où je suis allé me promener au bois de Boulogne. Je m'y suis revu avec Plombier. Nous y étions venus faire de la barque pour tromper notre angoisse et nous avions eu l'impression d'être suivis. Je m'étais précipité aux toilettes de l'établissement qui louait les barques. Je m'étais enfui par le vasistas au prix d'une gymnastique incroyable. Ce vasistas est toujours là...

Mon père s'est remarié en 1962. Trois mois après, un cancer l'emportait.

– Raymond! Raymond! Tue-moi! m'a-t-il demandé quelques jours avant sa fin, tellement il souffrait.

Et la retraite est arrivée en un éclair. Grâce à elle j'ai renoué avec le passé. La boucle se fermait.

Quand il atteint cet instant-là de sa vie, l'homme croule sous les papiers. Il faut les remplir et se souvenir de tout. Juste au moment où la mémoire flanche, on vous demande d'avoir une mémoire de cheval. J'ai finalement rempli tous les formulaires et j'ai été convoqué. L'employé m'a regardé dans le blanc des yeux.

– Je vois que vous avez été résistant, me dit-il.

– Oui, j'ai été résistant.

Je ne sais pas si c'est bien ou mal et si j'ai bien fait de répondre. L'employé n'a même pas trente ans. La Résistance est de l'histoire ancienne pour lui.

– Alors vous avez droit à un supplément de retraite.

Je ne sais pas non plus si je dois lui demander à combien s'élève ce supplément. Je me décide quand même.

– Et j'aurai combien en plus?

Le jeune employé consulte un barème. Je me prends à rêver. Je m'imagine tout à coup avec une somme rondelette. Je me dis aussi que je suis le roi des imbéciles de rêver. L'employé me ramène sur terre.

– 2 000 francs, me dit-il.

– Par mois ? je lui demande.

– Non, par an.

– C'est toujours bon à prendre.

L'employé lit quelque chose dans mon dossier et fronce les sourcils.

– C'est une fausse joie..., me dit-il, parce que ce supplément n'est touchable qu'à l'âge de soixante-cinq ans et vous n'en avez que soixante.

Adieu les 2 000 francs. Provisoirement. J'espère que ma soixante-cinquième année finira bien par arriver.

Je l'attends.

Et puis un jour je lis dans le journal que les années passées dans la Résistance comptent et s'ajoutent aux années de travail. Je retourne voir l'employé et lui explique. Il est d'accord.

– On va régulariser tout ça. Vous avez votre carte de combattant ?

– Non, je n'ai pas de carte. Je n'ai aucune carte.

– Ah ! mais il faut absolument une carte ! J'en ai absolument besoin pour votre dossier ! Sans carte je ne peux rien faire !

– Et où est-ce que je m'adresse, moi, pour avoir cette carte ?

– Ça alors, je ne sais vraiment pas.

Je suis allé rue de Paradis, à l'Union des Juifs pour la Résistance et l'Entraide, un organisme communiste. Je frappe, j'entre et c'est Lissner qui me reçoit. Je ne l'avais jamais rencontré pendant la guerre, pourtant c'était un de mes chefs.

– Je suis Pivert...

– Pivert ? Pivert ?... Mais oui... Pivert !

Nous faisons un petit saut en arrière. Nous parlons de ce temps-là et puis du temps qui a suivi. Nous oublions complètement ma carte. Je m'en souviens sur le pas de la porte.

– Et ma carte ?

– Ta carte ? C'est pas compliqué, me dit-il, il faut deux témoins et moi je peux te servir de témoin et l'autre ça pourrait être Gilbert.

– Gilbert ? mais je croyais qu'il s'appelait Adolphe ?

– C'est le même. Il habite gare de l'Est.

J'avais toujours cru qu'il s'appelait Adolphe, Gilbert. Et quand il m'a ouvert sa porte, je l'ai encore appelé Adolphe.

– Mais non, je m'appelle Gilbert..., m'a-t-il dit.

Il m'a reconnu, lui aussi. Nous nous étions

aperçus dans la clandestinité. Et nous revoilà à évoquer le passé.

– Et ma carte ?

– T'as qu'à venir avec moi, rue de Paradis, et on va la faire.

Je n'avais demandé qu'une carte, celle du combattant, mais ils m'ont fait obtenir aussi celle des engagés volontaires dans la Résistance.

Quarante-quatre ans après, j'étais officiellement résistant...

Et, je ne sais pas pourquoi, comme pour résumer tous ces souvenirs, le trottoir du boulevard de Belleville, en 46, 47, est l'image la plus frappante qui me reste en mémoire. Tous les dimanches matin, les Yids anciens déportés s'y donnaient rendez-vous. Ils venaient là pour échanger des tuyaux de travail, pour s'entraider, se revoir. Ils étaient pour moi la preuve encore vivante d'un immense espoir et en même temps de l'horreur sans nom. Quand il pleuvait, ils ouvraient leurs grands parapluies noirs et ils restaient là. Je pensais qu'ils avaient du mal à se quitter. Je les regardais avec une espérance de dingue, celle de découvrir, peut-être, un jour, tous les miens parmi eux.

CET OUVRAGE
A ÉTÉ COMPOSÉ
ET ACHEVÉ D'IMPRIMER SUR ROTO-PAGE
PAR L'IMPRIMERIE FLOCH À MAYENNE
EN DÉCEMBRE 1990

(29865)

POUR LE COMPTE DES
ÉDITIONS CALMANN-LÉVY, 3, RUE AUBER
PARIS-9e – No 11650/01
DÉPÔT LÉGAL : JANVIER 1991